Às voltas com Lautréamont

Às voltas com Lautréamont
Laymert Garcia dos Santos

© Laymert Garcia dos Santos, 2019
© n-1 edições, 2019
ISBN 978-85-66943-96-2

Embora adote a maioria dos usos editoriais do âmbito brasileiro, a n-1 edições não segue necessariamente as convenções das instituições normativas, pois considera a edição um trabalho de criação que deve interagir com a pluralidade de linguagens e a especificidade de cada obra publicada.

COORDENAÇÃO EDITORIAL Peter Pál Pelbart
    e Ricardo Muniz Fernandes
DIREÇÃO DE ARTE Ricardo Muniz Fernandes
ASSISTENTE EDITORIAL Inês Mendonça
PROJETO GRÁFICO Érico Peretta

A reprodução parcial deste livro sem fins lucrativos, para uso privado ou coletivo, em qualquer meio impresso ou eletrônico, está autorizada, desde que citada a fonte. Se for necessária a reprodução na íntegra, solicita-se entrar em contato com os editores.

1ª edição | Setembro, 2019

n-1edicoes.org

Às voltas com Lautréamont

Laymert Garcia dos Santos

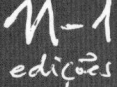

Para meu neto, Tomaz

Sumário

- 09 Nota introdutória
- 12 Lautréamont e a agonia do leitor
- 32 Indagações de um pesquisador
- 60 Energia e linguagem em Lautréamont
- 135 Lautréamont e o desejo de não desejar
- 156 Recomeço
- 210 Bibliografia

Nota introdutória

O leitor encontrará nas páginas subsequentes uma série de textos escritos entre 1982 e 1992, período no qual estive às voltas com Lautréamont.

Relendo-os com vistas à preparação do presente volume, percebo que todos eles apresentam uma característica comum: todos partem do mesmo impulso – tentar chamar a atenção para uma descoberta, tentar compartilhar a experiência do contato com uma linguagem poética que pode exercer sobre o leitor uma influência decisiva, vale dizer suscitar uma transformação.

Ao longo desses dez anos, todas as vezes que se buscou comunicar esse acontecimento, sempre se impôs a necessidade de fazê-lo através de considerações sobre a energia que move a linguagem poética de Ducasse-Lautréamont. Porque sempre houve uma intuição persistente de que essa era a via pela qual se pode favorecer no leitor uma abertura que permita a sintonia, a ligação direta. Se uma fórmula fosse capaz de concentrar o sentido do esforço, ela seria: pôr em contato a partir do contato.

Os cinco textos aqui reunidos devem ser considerados apenas como correias de transmissão. Tudo o que se almeja é estimular o encontro com a poesia de Ducasse-Lautréamont, é animar o leitor para que ele também se envolva. Sempre procurei extrair da leitura dessa poesia uma lição de vida, porque sempre acreditei que o poeta viveu uma experiência-limite e nos legou, em seus escritos, o seu sentido pleno. Mais ainda: se sua linguagem atraía e afetava, era porque de algum modo a existência contemporânea compartilhava com ele a vivência de tal experiência. Urgia portanto compreender a sua positividade.

Ora, esta se manifesta antes de tudo como força destruidora, aniquiladora. No curto e instigante "Comte de L***", publicado em 1946 no número especial da revista *Cahiers du Sud*, Pierre Reverdy aponta para isso, ao ver Lautréamont como o desertor integral movido pela força da negação: "Com efeito, é ele quem, aos meus olhos, personifica o '*não*' definitivo, oposto, de uma vez por todas, a tudo".[1] Isidore Ducasse seria então, mais do que o crítico feroz, o homem da recusa absoluta, o niilista consumado, aquele que começa por negar o Criador e que, antes mesmo de Nietzsche e Kierkegaard, anuncia: se ainda há uma significação religiosa para a existência, esta só pode surgir como um confronto entre a subjetividade humana e Deus.

Entretanto, embora concordasse com Reverdy, algo sempre me fez crer que o texto revelava um processo que conduzia a uma espécie de conversão. Como se a vivência integral da experiência-limite levasse Ducasse-Lautréamont a descobrir, na própria realização da força da negação, o seu esgotamento e o surgimento de uma nova aurora.

Em que termos, porém, entender essa força e seu movimento? Como homens ocidentais do século xx, somos quase que naturalmente levados a considerá-la como energia libidinal "mal resolvida". Mas esse talvez não seja o modo correto de encará-la. Pressupor o primado da energia libidinal é pressupor, também, e concomitantemente, o que se denominou sublimação. E aqui não se trata disso.

Trata-se de um processo em que a própria realidade do sublime leva o poeta a uma experiência-limite cuja saída

---

1 Pierre Reverdy. "Comte de L***". In: *Cahiers du Sud – Lautréamont n'a pas cent ans*. Marselha, 1946.

só pode se dar na dimensão do sublime. A energia que move Ducasse-Lautréamont e sua escritura é a energia que Bergson e tantos outros qualificaram de espiritual. Nos *Cantos de Maldoror* e nas *Poesias*, ela investe no niilismo e na sua superação.

Os textos aqui reunidos pretendem sensibilizar o leitor para esse processo. Não através de uma demonstração ou de uma explicação, mas de uma implicação.

São Paulo, 1992.

O

Uma primeira versão deste volume, contendo um capítulo a mais, foi apresentada em 1992 à Faculdade de Educação da Universidade Estadual de Campinas, como parte dos requisitos para a obtenção do título de livre-docente na área de Comunicação e Educação do Departamento de Ciências Sociais Aplicadas à Educação. Na primeira versão foram utilizadas as traduções de Claudio Willer e de Pedro Tamen. Nesta, a tradução de Joaquim Brasil Fontes (ver bibliografia).

Este volume não existiria sem as bolsas de estudos que me foram concedidas pelo Conselho de Ensino e Pesquisa da Pontifícia Universidade Católica de São Paulo (de março de 1982 a março de 1984), pela Fundação de Amparo à Pesquisa do Estado de São Paulo (de julho de 1985 a maio de 1986) e pelo Conselho de Desenvolvimento Científico e Tecnológico (de outubro de 1988 a outubro de 1990). A estas instituições quero registrar minha gratidão.

Agradeço também a todos que, no Brasil e na França, ajudaram-me a realizar este trabalho, e, especialmente, a Stella Senra, minha esposa.

Lautréamont e a agonia do leitor[1]

A cena do romance desenrola-se em Paris, segunda metade do século XIX. Mervyn, jovem aristocrata inglês, na véspera, caíra, entre duas ruas, nas malhas do imprevisível, na máquina infernal cujos fluidos começaram a romper sua economia interna – a máquina do mal da aurora, a máquina-Maldoror. Desde então ela o perturba, por dentro, fazendo as têmporas bater com força, impedindo-o de falar, atirando-o ora em letargia, ora em estado de exaltação contra o desconhecido. Hoje, Mervyn está em seu quarto; recebeu uma carta, não sabe de quem. Depois de muito tergiversar, abre o envelope – até esse momento não conhecia outra letra que a sua própria.

"Jovem, eu me interesso por vós; quero fazer vossa felicidade. Eu vos tomarei por companheiro, e realizaremos longas peregrinações nas ilhas da Oceania. Mervyn, sabes que te amo, não preciso prová-lo a ti. Tu me concederás tua amizade, estou certo disto. Quando me conheceres melhor, não te arrependerás da confiança que testemunhares por mim. Eu te preservarei dos perigos que correrá tua inexperiência. Serei para ti um irmão, e os bons conselhos não te faltarão. Para mais longas explicações, encontra-me, depois de amanhã, às cinco horas, na ponte do Carrrousel. Se eu ainda não tiver chegado, aguarda-se; mas espero estar là à hora certa. Tu, faz o mesmo. Um inglês não abandonará facilmente a ocasião de esclarecer

[1] Texto publicado originalmente na *Folha de S.Paulo* (*Folhetim*, n. 328, 1 mai. 1983, pp. 3-5).

seus negócios. Jovem, eu te saúdo, e até brece. Não mostres esta carta a ninguém."²

As curiosas frases que seus olhos devoraram, observa o narrador, abrem ao espírito de Mervyn o campo ilimitado de novos e incertos horizontes. No jantar, o rapaz continua alheio, alhures. Notando as mudanças no caráter do filho, o velho comodoro decide recorrer a um remédio eficaz: a leitura dos livros de viagens e de história natural, que poderá trazê-lo de volta ao calor do estável, da ordem familiar. Mas a sedução da retórica não surte efeito. Mervyn retira-se para o seu quarto, tranca a porta e escreve ao desconhecido. Sua resposta é o tratado de sua rendição. Parece que o adolescente vai dizer não à proposta, ponderando sobre a diferença de idades e de personalidades:

> Mas, se é conveniente aceitar a amizade de uma pessoa de mais idade, também o é fazê-la compreender que nossos caracteres não são os mesmos. Com efeito, pareceis ser mais velho do que eu, já que me chamais de moço, e no entanto conservo dúvidas sobre vossa idade verdadeira.

2 "Jeune homme, je m'intéresse à vous ; je veux faire votre bonheur. Je vous prendrai pour compagnon, et nous accomplirons de longues pérégrinations dans les îles de l'Océanie. Mervyn, tu sais que je t'aime, et je n'ai pas besoin de te le prouver. Tu m'accorderas ton amitié, j'en suis persuadé. Quand tu me connaîtras davantage, tu ne te repentiras pas de la confiance que tu m'auras témoignée. Je te préserverai des périls que courra ton inexpérience. Je serai pour toi un frère, et les bons conseils ne te manqueront pas. Pour de plus longues explications, trouve-toi, après-demain matin, à cinq heures, sur le pont du Carrousel. Si je ne suis pas arrivé, attends-moi ; mais, j'espère être rendu à l'heure juste. Toi, fais de même. Un Anglais n'abandonnera pas facilement l'occasion de voir clair dans ses affaires. Jeune homme, je te salue, et à bientôt. Ne montre cette lettre à personne."

Pois, como conciliar a frieza de vossos silogismos com a paixão que deles emana?[3]

No entanto, ao correr sobre o papel, a mão vai dizendo sim. Quando a carta terminar, o encontro já estará marcado.

Dispenso-me de assinar, e nisso vos imito: vivemos numa época muito excêntrica para nos espantar, um instante, com o que poderia acontecer. Teria curiosidade de saber como descobristes o lugar onde reside minha imobilidade glacial, cercada por uma longa fileira de salões desertos, imundos ossários de minhas horas de tédio. Como dizê-lo? Quando penso em vós, meu peito agita-se, rietumbante como o desabamento de um império em decadência; [...] Tenhamos paciência até os primeiros clarões do crepúsculo matinal, e, na expectativa do momento que me lançará no entrelaçamento hediondo de vossos braços pestíferos, inclino-me humildemente diante de vossos joelhos, que aperto.[4]

---

3 *Mais, s'il est convenable d'accepter l'amitié d'une personne âgée, il l'est aussi de lui faire comprendre que nos caractères ne sont pas les mêmes. En effet, vous paraissez être plus âgé que moi puisque vous m'appelez jeune homme, et cependant je conserve des doutes sur votre âge véritable. Car, comment concilier la froideur de vos syllogismes avec la passion qui s'en dégage ?*

4 *Je me dispense de signer et en cela je vous imite : nous vivons dans un temps trop excentrique, pour s'étonner un instant de ce qui pourrait arriver. Je serais curieux de savoir comment vous avez appris l'endroit où demeure mon immobilité glaciale, entourée d'une longue rangée de salles désertes, immondes charniers de mes heures d'ennui. Comment dire cela ? Quand je pense à vous, ma poitrine s'agite, retentissante comme l'écroulement d'un empire en décadence ; [...] Prenons patience jusqu'aux premières lueurs du crépuscule matinal, et, dans l'attente du moment qui me jettera dans l'entrelacement hideux de vos bras pestiférés, je m'incline humblement à vos genoux, que je presse.*

o

A cena da carta, aqui lembrada, domina o capítulo II do Canto Sexto da obra de Lautréamont, *Os Cantos de Maldoror*.[5] Se a escolhi, é por parecer iluminar de modo particularmente fecundo uma das possíveis portas de entrada deste livro mágico, que interpelou, neste século e meio grandes exploradores da cultura contemporânea, como Artaud, Dalí, Ponge, Bachelard, Breton, Gide, Henry Miller, Masson, Ungaretti, Bataille, Michaux.

Cena exemplar porque condensa e revela o estatuto que adquirem, no decorrer dos *Cantos*, a escritura e a leitura para Isidore Ducasse, o poeta que nasce sob a máscara de Conde de Lautréamont. Longe de persuasão, a carta e sua linguagem se configuram como uma ação de Maldoror que vem precipitar e direcionar o processo desencadeado em Mervyn ao deparar-se com o desconhecido. A carta é uma pressão sobre o jovem e, simultaneamente, afirmação de uma certeza: de que a pressão vai levá-lo a se perder. Pressão que se acelera à medida que a escritura se desdobra e que impõe, cada vez mais perto do leitor, a presença invisível mas irresistível do autor: na passagem do vós para o tu, na dosagem das propostas de companhia, amor, amizade, fraternidade; no emprego do tempo verbal (terás testemunhado) que enuncia uma "certeza no futuro"; na ordem expressa pelo imperativo; na intimação final seguida por um desafio; na gota de sangue que, precedida por três estrelas, serve de assinatura.

---

5 Há cinco traduções em português dos *Cantos de Maldoror*: as de Miécio Táti (Rio de Janeiro, 1956), Pedro Tamen (Lisboa, 1969), Claudio Willer (São Paulo, 1970), Manuel de Freitas (Lisboa, 2009) e Joaquim Brasil Fontes (Campinas, 2015).

Aqui, escrever é agir com a lógica impecável de um movimento de ataque – qual um bicho que vai cercando, acuando a presa ao mesmo tempo que a mantém imóvel; e, se esta sucumbe, não é só porque se sente atraída pela precisão dos gestos do atacante, mas porque neles capta as forças que lhe dão forma e que surpreendem: "como conciliar a frieza de vossos silogismos com a paixão que deles se desprende?".

Do outro lado, ao ser lida, a escritura produz efeitos. A carta sela a agonia de uma idade – a idade da inocência – e instala o mal da aurora, a angústia diante de um campo ilimitado de novos e incertos horizontes; e acena, enfim, com uma outra vida, nas ilhas da Oceania, no oceano de que fala o Canto Primeiro. O leitor da carta, evidentemente, só pode aceitar o convite. O aguçamento de sua sensibilidade, provocado pelo encontro com o imprevisível, nas ruas, na vida, impede que desconheça o alcance da ruptura que se consuma no ler: doravante, tudo pode acontecer; de repente a família, as instituições, a moral se esvaziam, é um império em decadência que desaba; e serão os clarões do crepúsculo matinal que anunciarão a entrega. Mas convém lembrar: até então, Mervyn, que só conhecia a própria letra, resistia ao malfeitor; agora, após o contato com a escritura que age, que canaliza seus afetos, aderiu, pôs-se nas mãos do missivista – respondendo-lhe, escrevendo-lhe.

A relação entre Maldoror e Mervyn se ata portanto no engate entre uma escritura ativa, que é violência e paixão, e uma leitura também ativa, que detecta não só o sentido da argumentação de Maldoror, mas, sobretudo, é sensível à sua intensidade e vibração (poder-se-ia dizer que Mervyn não lê com os olhos da razão, mas com os olhos e os ouvidos da pulsão). Ora, a relação encenada não é excepcional, mas apenas a transposição, no plano da intriga do romance escrito por Lautréamont no interior do último canto, de algo que vinha sendo trabalhado desde a primeira linha do poema.[6]

o

O vós que designa e convoca o leitor está sempre presente nos *Cantos*, muitas vezes quando menos se espera. Como se Lautréamont, ao escrevê-lo, ao mesmo tempo realimentasse e relançasse o dispositivo literário, reconduzindo a prova de forças entre escritor e leitor. De tempos em tempos, ao longo do poema, uma estrofe explicitamente dedicada ao leitor fornece uma espécie de balanço da relação.

Assim, já a estrofe inicial do Canto Primeiro se abre sob o signo do leitor.

> Praza ao céu que o leitor, encorajado e momentaneamente feroz como o que está lendo, encontre, sem se desorientar, seu caminho abrupto e selvagem, através dos pântanos desolados destas páginas sombrias e cheias de veneno; pois, se não investir em sua leitura uma lógica rigorosa e uma tensão de espírito igual, pelo menos, à sua desconfiança, as emanações mortais deste livro embeberão sua alma como a água ao açúcar. Não convém que todo mundo leia as páginas que vão se seguir: somente alguns

6 Em seu artigo "Voix narrative et cohérence textuelle dans les *Chants de Maldoror*", Joaquim Brasil Fontes também afirma que o "romance" do Canto Sexto figura a relação autor-leitor de todo o poema. Para ele, Mervyn é o duplo do leitor dos *Cantos*, enquanto Maldoror é a figuração do scriptor e não mais o próprio recitante. Mas a via pela qual o crítico chega à mesma conclusão é bastante diversa daquela que se percorre aqui.

saborearão este fruto amargo sem perigo. Em consquência, alma tímida, antes de penetrar mais longe em semelhantes matgais inexplorados, dirige os calcanhares para trás e não para a frente.[7]

Lautréamont começa portanto confundindo brutalmente as regras do jogo literário; em vez do habitual convite que tenta persuadir o leitor a prosseguir lendo, uma advertência: atenção, perigo à vista para os não avisados; estes arriscam a própria pele! Advertência maquiavélica, pois incita os que se julgam portadores da lógica rigorosa, da desconfiança e da tensão de espírito a testarem suas aptidões; e os outros, os inocentes curiosos, a experimentarem as emanações mortais do livro – o que, aliás, é reforçado na estrofe imediatamente posterior, quando o poeta promete prazeres inefáveis para as narinas que continuarem se metendo onde não devem. E é nesse momento que Maldoror começa a nascer e a exercer sua crueldade contra o homem, esse monstro de vício que se concebe como relicário da virtude cristã (bondade, obediência, humildade, renúncia, negação do desejo, horror ao contato físico com o outro). Operação que se processa no correr do canto todo e procura atingir não só o homem que todo leitor traz consigo, mas também, e principalmente, o homem

---

7 *Plût au ciel que le lecteur, enhardi et devenu momentanément féroce comme ce qu'il lit, trouve, sans se désorienter, son chemin abrupt et sauvage à travers les marécages désolés de ces pages sombres et pleines de poison ; car à moins qu'il n'apporte dans sa lecture une logique rigoureuse et une tension d'esprit égale au moins à sa défiance, les émanations mortelles de ce livre imbiberont son âme comme l'eau le sucre. Il n'est pas bon que tout le monde lise les pages qui vont suivre ; quelques-uns seuls savoureront ce fruit amer sans danger. Par conséquent, âme timide, avant de pénétrer plus loin dans de pareilles landes inexplorées, dirige tes talons en arrière et non en avant.*

que ainda persiste dentro do poeta e guia a sua mão. Mas de certo modo, apesar de seu caráter implacável, a operação não é bem-sucedida; foi apenas um esquentamento. Quando o canto estiver chegando ao fim, na última estrofe, Lautréamont dirá ao leitor:

> Não sejais severo com aquele que ainda não faz mais que experimentar sua lira, de som tão estranho. No entanto, se quiserdes ser imparcial, reconhecereis já uma marca forte, em meio às imperfeições. Quanto a mim, voltarei ao trabalho [...] Adeus, velho, e pensa em mim, se me leste. Tu, jovem, não te desesperes; pois tens um amigo no vampiro, apesar da tua opinião contrária. Contando com o *acarus sarcopta*t que provoca a sarna, terás dois amigos![8]

O

A esta altura, o leitor se encontra não apenas dentro do raio de ação que vai sendo traçado por Lautréamont, mas já surge como vítima. O Canto Primeiro e suas emanações mortais penetraram pelas narinas até os recantos obscuros e as fibras secretas da consciência. Resultado: o leitor, que se acreditava fundamentalmente homem bom, não se reconhece mais. O Canto Segundo se abre com uma estrofe que faz a transição entre a primeira e a segunda

---

8 *Ne soyez pas sévère pour celui qui ne fait encore qu'essayer sa lyre : elle rend un son si étrange ! Cependant, si vous voulez être impartial, vous reconnaîtrez déjà une empreinte forte au milieu des imperfections. Quant à moi, je vais me remettre au travail [...]. Adieu, vieillard, et pense à moi si tu m'as lu. Toi, jeune homme, ne te désespère point, car tu as un ami dans le vampire, malgré ton opinion contraire. En comptant l'acarus sarcopte qui produit la gale, tu auras deux amis !*

fase do ataque; e, como antes, o poeta enuncia com precisão seu próximo lance: Maldoror vigia os mínimos movimentos do leitor, e é inútil que este tente defender-se:

> Por conseguinte, entrega sem medo, em suas mãos, a responsabilidade por tua existência: ele a conduzirá de uma maneira que conhece. Não acredites na intenção, que ele faz reluzir ao sol, de corrigir-te. [...] Mas o certo é que agrada-lhe fazer-te mal, na legítima persuasão de que te tornes tão malvado quanto ele, e que o acompanhes no abismo escancarado do inferno, quando soar essa hora.⁹

Lautréamont sabe que, secretamente, a vítima começa a partilhar o mesmo destino, o mesmo desejo do agressor: desvencilhar-se da virtude cristã. Sabe que o leitor vai descer ao inferno, que é a subida aos céus para o encontro com o Criador, fonte dos males da humanidade. Sabe que essa descida começa na linguagem – afinal, não foi dito que no princípio era o Verbo? Sabe ainda que será na e a partir da linguagem que poderá medir-se com Deus. É no Canto Segundo que se descobre que o Criador é um piolho, filho da aliança do homem com a sujeira, que, instalado na cabeça dos humanos, nutre-se de sua energia vital. Contra o Todo-Poderoso, Maldoror tentará lutar com as mesmas armas – unindo-se, por exemplo, à fêmea de um piolho arrancada dos cabelos da humanidade e gerando uma mina artificial de piolhos, um bloco compacto de matéria que depois escorrerá como o mercúrio, em mil

---

9 *Par conséquent, remets sans peur, entre ses mains, le soin de ton existence ; il la conduira d'une manière qu'il connaît. Ne crois pas à l'intention qu'il fait reluire au soleil de te corriger ; [...] Mais, c'est qu'il aime à te faire du mal, dans la légitime persuasion que tu deviennes aussi méchant que lui, et que tu l'accompagnes dans le gouffre béant de l'enfer, quand cette heure sonnera.*

ramificações, pelas cidades. Mas, logicamente, combater com as mesmas armas que o inimigo é cair no terreno por este delimitado e condenar-se a perder. De um novo coito, desta vez com a fêmea do tubarão, rainha do oceano, germinará uma outra linguagem. Não mais a linguagem da voz da consciência e do Verbo divino, fixada nas tábuas da lei, mas a linguagem enquanto segmento de uma ação, de um processo corporal, animal: a linguagem do instinto. Se em última instância a fala é o grito do homem ao ser devorado pelo Grande Objeto Exterior, resta ao poeta o som inumano – as vozes majestosas da avalanche de neve, da leoa no deserto, do polvo feroz contando para as ondas suas vitórias sobre os nadadores e os náufragos.

O

No Canto Terceiro proliferam as frentes de batalha contra o homem e o Eterno. Aparentemente, apenas repetem, em seu vaivém, os confrontos anteriores. No entanto, ao final de cada estrofe, a harpa torna-se cada vez mais afiada. O que ainda é insuficiente: quando o Canto Quarto se abrir, Lautréamont indagará: "quem ousaria afirmar que obtive êxito em minhas investigações?".[10] Surge, então, a estrofe decisiva dos baobás. Uma simples comparação vai deslocar irreversivelmente a linguagem do poeta.

> Dois pilares, que não era difícil e ainda menos impossível confundir com dois baobás, viam-se no vale, maiores que dois alfinetes. Com efeito, eram duas torres enormes. E, embora dois baobás, à primeira vista, não se pareçam com dois alfinetes, nem mesmo com duas torres, no entanto,

10 [...] *qui oserait affirmer que j'ai réussi dans mes investigations ?*

usando com habilidde os cordéis da prudência, pode-se afirmar, sem medo de erro (pois, se essa afirmação fosse acompanhada de uma só parcela de temor, já não mais seria uma afirmação; ainda que um mesmo nome defina esses dois fenômenos da alma que apresentam características bastante distintas para não serem confundidos levianamente), que um baobá não difere tanto de um pilar, que a comparação seja proibida entre essas formas arquiteturais... ou geométricas... ou uma e outra... ou nem uma nem outra... ou melhor, formas elevadas e maciças.[11]

De repente, a centelha. O que é a comparação? Um axioma, uma verdade indemonstrável, mas evidente para quem compreende o seu sentido. Um axioma criado pelo homem, um axioma que escapa ao Criador – mesmo que este proibisse tal comparação, os hábitos, os livros, o contato com os semelhantes e o caráter de cada um levariam o espírito humano a reincidir, a empregar criminosamente a figura de retórica. Ora, sobre o que se baseou a comparação? Sobre as leis da ótica, que estabeleceram que, quanto mais o raio visual se afasta de um objeto, mais a imagem se reflete em diminuição na retina.

---

11 *Deux piliers, qu'il n'était pas difficile et encore moins impossible de prendre pour des baobabs, s'apercevaient dans la vallée, plus grands que deux épingles. En effet, c'étaient deux tours énormes. Et, quoique deux baobabs, au premier coup d'oeil, ne ressemblent pas à deux épingles, ni même à deux tours, cependant, en employant habilement les ficelles de la prudence, on peut affirmer, sans crainte d'avoir tort (car, si cette affirmation était accompagnée d'une seule parcelle de crainte, ce ne serait plus une affirmation ; quoiqu'un même nom exprime ces deux phénomènes de l'âme qui présentent des caractères assez tranchés pour ne pas être confondus légèrement) qu'un baobab ne diffère pas tellement d'un pilier, que la comparaison soit défendue entre ces formes architecturales... ou géométriques... ou l'une et l'autre... ou ni l'une ni l'autre... ou plutôt formes élevées et massives.*

A questão da comparação é, então, a da relação entre objeto e imagem. Mas se dois pilares são vistos como dois baobás, maiores que dois alfinetes, a realidade do objeto não contradiz a imagem? Um vento de loucura começa a soprar no texto do poema. O filósofo ri quando vê um asno comendo um figo porque asnos não comem figos. E por que ri, senão para negar a realidade do objeto de sua visão e confirmar a imagem que tem desse objeto? Lautréamont vê um figo comer um asno; e chora porque sabe ver que a natureza não é a imagem que dela fazemos: na natureza, o verme come o homem! Se a poesia acredita nas imagens, então está completamente equivocada.

O poeta vai-se tornando um selvagem. A procura da gênese da imagem evocada nas palavras transforma-se numa caçada frenética. Com o escalpelo da análise, o selvagem rastreia a origem da imagem na lei maior – a proibição do incesto que, como dirá Freud décadas depois, estrutura o desejo e possibilita o surgimento do sujeito. Mas, aqui, o incesto encontra-se invertido: é a mãe que deseja o filho; e, porque esse desejo não pode ser satisfeito, duas mulheres dionisíacas, duas fêmeas de orangotango, mãe e esposa, escalpelam o filho-homem, mostrando-lhe, na carne, que o desejo está aquém da lei humana, que é inumano. A visão de que a imagem não se origina na lei provoca então uma primeira metamorfose: na estrofe seguinte, Lautréamont-Maldoror sente-se um cadáver, é um homem-planta; mas a metamorfose *post mortem* é limitada, e o processo precisa continuar. Lautréamont-Maldoror se posta diante do espelho, interroga a imagem nele refletida e vê que ela foi escalpelada: não passa de um fantasma, da fraca condensação de uma névoa. Como então se reconhecer na imagem? Melhor é quebrar o espelho ou atravessá--lo – pois, se o reflexo é ilusão de identidade, ainda não será aqui que se encontrará a origem da imagem das palavras. Ocorre então uma segunda metamorfose: na estrofe seguinte, Lautréamont-Maldoror sonha que se transformou em porco selvagem; mas tal metamorfose é limitada e o processo precisa continuar. Sobrevem a estrofe em que Maldoror vê o homem anfíbio e onde se discute a imagem da alucinação. Esta resulta de reminiscências de uma infância infeliz e se impõe como fuga diante de um passado intolerável; a imagem da alucinação é uma solução de compromisso para esquecer a pregnância das imagens da infância; e, se o homem anfíbio vai viver no mar, é involuntariamente, porque não pode ser homem na terra; assim, a simples reaproximação com o que procura recalcar revela o quanto a imagem alucinada remete a outras imagens. Por isso a metamorfose do anfíbio é insuficiente, limita-se às extremidades de seus membros.

Com o escalpelo da análise, o selvagem rastreia a origem da imagem evocada nas palavras, passando da lei ao reflexo especular, e deste à reminiscência; passagens que provocam, sucessivamente, a metamorfose *post mortem*, a metamorfose em sonho, a metamorfose em alucinação. Na última estrofe, Lautréamont escalpela a reminiscência.

A voz da reminiscência é a do próprio sujeito que lembra. O que repete ela toda noite? O escalpo de Falmer, amigo de Maldoror, na adolescência. Mas quando Lautréamont tenta escrevê-la, começa a gaguejar, perde o fio, e se esquece; insiste em contar retomando as frases. Em vão; a narração se enrola, não consegue avançar. O poeta já não sabe mais o que diz, nem como. A pane o emudece, e então ouve um zumbido, sem saber a que atribuí-lo. Afinal descobre que a fumaça de sua vela, tomando impulso rumo ao teto, provoca as vibrações quase imperceptíveis de uma folha de papel pendurada na parede. Ora, ouvir o zumbido é o mesmo que ouvir a voz melodiosa que pronuncia em sua orelha: "Maldoror!".

Então era isso! A origem da imagem evocada nas palavras é a vibração do ouvido, dos orgãos. A imagem brota da intensidade do corpo que sente. Deslumbrante é o encontro de Lautréamont com Nietzsche, que, quatro anos, depois, escreverá em *Sobre verdade e mentira*:

> O que é uma palavra? A figuração de um estímulo nervoso em sons. Um estímulo nervoso, primeiramente transposto em uma imagem! Primeira metáfora. A imagem, por sua vez, modelada em um som! Segunda metáfora. E a cada vez completa mudança de esfera, passagem para uma esfera inteiramente outra e nova.[12]

O

O Canto Quinto se abre com uma estrofe em que Lautréamont aborda conjuntamente a escritura e a leitura. Através de uma audaciosa comparação de sua literatura com o voo dos bandos de estorninhos, o poeta enuncia que ambos obedecem à voz do instinto. Como fica, então, a posição do leitor que leu até aqui?

> Que o leitor não se zangue comigo, se minha prosa não tem a sorte de agradar-lhe. Sustentas que minhas ideias são no mínimo extravagantes. O que dizes, homem respeitável, é a verdade; mas uma verdade parcial. Ora, que abundante fonte de erros e equívocos são todas as verdades parciais! [...] Sabes aliar o entusiasmo à frieza

---

12 Friedrich Nietzsche, *Sobre verdade e mentira*. Org. e trad. de Fernando de Moraes Barros. São Paulo: Hedra, 2007.

interior, observador de um humor concentrado; enfim, por mim, acho-te perfeito... E não queres me compreender! [...] Não é verdade, amigo, que, até certo ponto, meus cantos conquistaram tua simpatia? Ora, o que te impede de transpor os outros degraus?[13]

Descobre-se então que, se o leitor não pode acompanhar o vertiginoso voo do poeta, é porque está amarrado. Talvez seu mal seja sua aliança com a obstinação, que o leva a aferrar-se a um axioma considerado inabalável. Mas há outros axiomas inabaláveis – e o Canto Quarto já não dissecou o seu princípio? "Na hora em que escrevo, novos frêmitos percorrem a atmosfera intelectual: basta ter a coragem de encará-los de frente."[14] Mas como pode o leitor compreendê-los se se obstina em não vê-los? Só o minar de sua resistência poderá livrar os seus olhos; só vibrações cada vez mais fortes podem desbloquear o corpo do leitor e atacar o mal onde ele se esconde. E Lautréamont, porque já está liberto, agora sabe que é doutor na matéria.

Deves te persuadir de que o hábito é necessário em tudo; e, visto que a repulsa instintiva, que tinha se declarado desde as primeiras páginas, diminuiu notavelmente de

---

13 *Que le lecteur ne se fâche pas contre moi, si ma prose n'a pas le bonheur de lui plaire. Tu soutiens que mes idées sont au moins singulières. Ce que tu dis là, homme respectable, est la vérité ; mais, une vérité partiale. Or, quelle source abondante d'erreurs et de méprises n'est pas toute vérité partiale !* [...] *Tu sais allier l'enthousiasme et le froid intérieur, observateur d'une humeur concentrée ; enfin, pour moi, je te trouve parfait... Et tu ne veux pas me comprendre !* [...] *N'est-il pas vrai, mon ami, que, jusqu'à un certain point, ta sympathie est acquise à mes chants ? Or, qui t'empêche de franchir les autres degrés ?*

14 *À l'heure que j'écris, de nouveaux frissons parcourent l'atmosphère intellectuelle : il ne s'agit que d'avoir le courage de les regarder en face.*

profundidade, na razão inversa da dedicação à leitura, como um furúnculo que se lanceta, deve-se esperar, embora tua cabeça ainda esteja enferma, que tua cura certamente não tardará a entrar em sua última fase. Na minha opinião, é indubitável que vogas, já, em plena convalescência; no entanto, teu rosto continua bem abatido! ai de ti! Mas... coragem! há em ti um espírito incomum, eu te amo, e não perco a esperança de tua completa recuperação, desde que absorvas algumas substâncias medicamentosas, que só farão apressar o desaparecimento dos últimos sintomas do mal.[15]

A partir dessa estrofe, tudo se passa como se o próprio canto da lira do poeta fosse o exercício que afirma e amplia a potência da voz do instinto, fazendo-a vibrar enquanto escritura e leitura, num processo em que Lautréamont toma a dianteira não só para renovar com maior intensidade o seu próprio gozo, como para que o leitor também possa e se permita gozar. Ora, a descoberta de Lautréamont tem um alcance que não se limita ao prazer moral – do mesmo modo como a cura do leitor não se reduz à satisfação pessoal que este poderia conhecer caso rompesse um tabu, para se comprazer na transgressão. As emanações mortais do livro, as vibrações, as intensidades

---

15 *Sois persuadé que l'habitude est nécessaire en tout ; et, puisque la répulsion instinctive, qui s'était déclarée dès les premières pages, a notablement diminué de profondeur, en raison inverse de l'application à la lecture, comme un furoncle qu'on incise, il faut espérer, quoique ta tête soit encore malade, que ta guérison ne tardera certainement pas à rentrer dans sa dernière période. Pour moi, il est indubitable que tu vogues déjà en pleine convalescence ; cependant, ta figure est restée bien maigre, hélas ! Mais... courage ! Il y a en toi un esprit peu commun, je t'aime, et je ne désespère pas de ta complète délivrance, pourvu que tu absorbes quelques substances médicamenteuses ; qui ne feront que hâter la disparition des derniers symptômes du mal.*

trabalham ao nível infra-humano e só são mortais para as forças da morte que culpabilizam a vida e atrofiam o seu florescimento. Assim, a descoberta do poeta não é a conquista da "liberdade interior" nem da "liberação individual"; ela põe em questão a ordem social, e de modo tão mais radical porque inidentificável.

No início do Canto Sexto, Maldoror se dá conta de que sua solidão foi necessária durante determinada fase do processo. Mas agora é preciso contactar os outros, disseminar a peste – e o que poderá a polícia, esse escudo da civilização, contra movimentos quase imperceptíveis e metamorfoses sucessivas? Maldoror já nem é mais um sujeito disfarçado, um homem: é um grilo nos esgotos de Paris, é um fluido pernicioso que magnetiza as florescentes capitais, levando-as a um estado de letargia que as torna incapazes de se reprimir como deveriam. Maldoror é um fluxo perigoso porque ilocalizável. Hoje está em Madri, amanhã em São Petersburgo; ontem, estava em Pequim. O bandido pode estar a setecentas léguas de distância; mas, talvez, a poucos passos de nós. É um bandido selvagem, imemorial, que vem desde os tempos de antes da História. E é nesse momento que Lautréamont vai iniciar seu romance de trinta páginas, com o encontro entre Mervyn e o desconhecido.

o

Lendo a carta a ele endereçada, Mervyn cai na armadilha. A presa não resiste; e, se sucumbe, não é só porque se sente atraída pela precisão dos gestos do atacante, mas porque neles capta as forças que lhe dão forma e que surpreendem: "como conciliar a frieza de vossos silogismos com a paixão que deles emana?".

Mervyn cai na armadilha. E nela cai respondendo à voz do instinto. Mas, para dizer sim ao encontro com Maldoror, é preciso que esteja eletrizado, sonâmbulo, hipnotizado – condição imprescindível para que as barreiras da moral e da culpabilidade não prevaleçam. Como o leitor, Mervyn cai na armadilha. Isso é o que importa. Reconciliando-se com o instinto, para além do bem e do mal, o leitor acedeu à vida, começa a viver e não mais a sobreviver. Quando o romance se acabar, também estará terminada a sua convalescença. E, então, nem mais será preciso ler. Escritura e leitura poderão calar-se – não importa. Escrever e ler são maneiras de viver, que podem ou não acontecer. Por que continuar privilegiando a relação autor-leitor? No que seria ela melhor, mais verdadeira, que a relação com a natureza, com o outro? Isto é: não seria ela apenas um modo específico de entrar em contato e de viver intensamente a relação com a natureza, com o outro?

Lautréamont pressente que os *Cantos de Maldoror* estão chegando ao fim. No capítulo VIII do Canto Sexto, última estrofe do poema, vai então presentear o leitor com o seu bem mais precioso, oferecer-lhe o nervo de sua arte poética: a sua própria lira-escalpelo.

> Para construir mecanicamente o miolo de um conto soporífero, não basta dissecar tolices e embrutecer vigorosamente com doses renovadas a inteligência do leitor, de modo a tornar suas faculdades paralíticas para o resto da vida, pela lei infalível da fadiga; é preciso, além disso, com um bom fluido magnético, colocá-lo engenhosamente na impossibilidade sonambúlica de mover-se, forçando-o a ficar com os olhos turvos, contra sua natureza, pela fixidez dos vossos. Quero dizer, a fim de não me fazer compreender melhor, mas somente para desenvolver meu

pensamento que interessa e irrita ao mesmo tempo por uma harmonia das mais penetrantes, que não creio ser necessário, para chegar ao objetivo proposto, inventar uma poesia inteiramente à margem do curso habitual da natureza, e cujo sopro pernicioso parece transtornar até mesmo as verdades absolutas; mas, produzir um resultado desses (conforme, aliás, às regras da estética, se refletirrmos bem), isso não é tão fácil quanto se pensa: eis o que eu queria dizer. Por isso farei todos os esforços para chegar lá! Se a morte detém a magreza fantástica dos dois braços longos de minhas espáduas, utsados no esmagamento lúgubre de meu geipso literário, quero pelo menos que o leitor enlutado possa dizer-se: "É preciso fazer-lhe justiça. Ele me imbecilizzou muito. O que não teria feito, se tivesse podido viver mais! é o melhor professor de hipnotismo que conheço!".[16]

16 *Pour construire mécaniquement la cervelle d'un conte somnifère, il ne suffit pas de disséquer des bêtises et abrutir puissamment à doses renouvelées l'intelligence du lecteur, de manière à rendre ses facultés paralytiques pour le reste de sa vie, par la loi infaillible de la fatigue ; il faut, en outre, avec du bon fluide magnétique, le mettre ingénieusement dans l'impossibilité somnambulique de se mouvoir, en le forçant à obscurcir ses yeux contre son naturel par la fixité des vôtres. Je veux dire, afin de ne pas me faire mieux comprendre, mais seulement pour développer ma pensée qui intéresse et agace en même temps par une harmonie des plus pénétrantes, que je ne crois pas qu'il soit nécessaire, pour arriver au but que l'on se propose, d'inventer une poésie tout à fait en dehors de la marche ordinaire de la nature, et dont le souffle pernicieux semble bouleverser même les vérités absolues ; mais, amener un pareil résultat (conforme, du reste, aux règles de l'esthétique, si l'on y réfléchit bien), cela n'est pas aussi facile qu'on le pense : voilà ce que je voulais dire. C'est pourquoi je ferai tous mes efforts pour y parvenir ! Si la mort arrête la maigreur fantastique des deux bras longs de mes épaules, employés à l'écrasement lugubre de mon gypse littéraire, je veux au moins que le lecteur en deuil puisse se dire : "Il faut lui rendre justice. Il m'a beaucoup crétinisé. Que n'aurait-il pas fait, s'il eût pu vivre davantage ! c'est le meilleur professeur d'hypnotisme que je connaisse !"*

O

Mervyn, o leitor, não precisa viver mais. Não só isso: como tal, deve morrer. Amarrado por Aghone, o rei das inteligências, o louco coroado, ao fio da narração, rodopiando no ar, será lançado por Maldoror do alto do obelisco da praça Vendôme, aquele mesmo que dois anos depois será derrubado pela Comuna de Paris. Mervyn, seguido pela corda, vai riscando o céu como um cometa que arrasta a cauda flamejante. Assassinado pelo autor, pelo selvagem civilizado, foi atirado na cúpula do Panthéon, monumento que preserva a memória dos grandes homens. Carregando nas mãos uma longa guirlanda de flores, de imortais.

E se algum dia voltamos a ler, a relação é outra. Podemos ler como Isidore Ducasse, ex-Conde de Lautréamont, que, em suas *Poesias*, escreve: "Cada vez que li Shakespeare, pareceu-me retalhar o cérebro de um jaguar".[17] Ou, ainda, o que dá no mesmo: "O coração do homem é um livro que aprendi a estimar".[18]

---

17 *Chaque fois que j'ai lu Shakespeare, il m'a semblé que je déchiquette la cervelle d'un jaguar.*
18 *Le coeur de l'homme est un livre que j'ai appris à estimer.*

Indagações de um pesquisador

Houve inicialmente uma intuição: é preciso estudar as relações entre energia e linguagem no texto de Lautréamont. Procurar fundamentá-la seria, em meu entender, tentar explicitar as qualidades e as funções da energia, de um determinado tipo de energia muito específico, na produção da linguagem poética. Bachelard, em seu *Lautréamont*, já captara um "lirismo muscular", uma "poesia da excitação, do impulso muscular"; por sua vez, Artaud, em sua "Lettre sur Lautréamont", também detectara "essa trepidação epileptoide do verbo".

Se em Lautréamont a linguagem surge ao mesmo tempo como eletrizada e eletrizante, magnetizada e magnetizante, ao mesmo tempo como decorrência de tremores, convulsões, paralisias, acelerações que provêm dos músculos, e como agente produtor de novas panes e vibrações, é porque ela é condutora de uma corrente de energia. Uma energia que, desencadeada por afecções, se exerce no engendramento das palavras e, ao se exercer, lhes confere uma potência capaz de provocar, por sua vez, novas afecções, de agir no corpo do leitor.

Uma frase de Bergson atingira em cheio a indagação sugerida por Bachelard e Artaud. Pois o filósofo define afecção como "uma tendência motora num nervo sensível". A questão que doravante se colocava era a seguinte: não seria a afecção a fonte da poesia de Lautréamont, essa poesia que Bachelard não hesita em chamar de "dinamogenia"?

Toda a atenção concentrou-se, portanto, na tentativa de captar a energia em ação na afecção, na tentativa de entender como uma tendência motora sobre um nervo sensível pode acender a linguagem, tornar-se a sua força principal, e que transformações isso implica naquele que é a sede desse acontecimento.

Ora, aos poucos, foi ficando claro que, para captar a energia em ação na afecção, para aceder ao gesto lautréamontiano (no instante em que este, ao se executar, toca nas palavras e nelas infunde a vida), seria preciso se perguntar quem teria vivenciado a experiência da afecção em profundidade, e deixado traço. Aos poucos, a intuição, fortalecida por conversas e livros, foi impondo a convicção de que seria necessário avançar em várias frentes. Pois os textos de Ducasse-Lautréamont indicavam que a experiência da afecção vivida pelo poeta, se parecia única na literatura, encontrava correspondências perturbadoras na experiência mágico-religiosa dos homens submetidos a rituais de iniciação na Antiguidade e em certos povos primitivos, por exemplo o xamanismo e o orfismo. Lá, como aqui, estamos diante de um processo de morte e renascimento. Por outro lado, esboçavam-se correspondências com os processos psicóticos, com as crises de loucura, tais como foram relatadas, após a cura, pelo presidente Schreber e por Perceval. Lá, como aqui, estamos diante de uma viagem marcada pela agonia e redenção.

No entanto, seria impossível assimilar ou reduzir a experiência da afecção vivida por Lautréamont, seja a uma iniciação, seja a um episódio psicótico. Pois Ducasse reivindicava o estatuto de homem de ciência, afirmando: "A ciência que empreendo é uma ciência distinta da poesia. Não canto esta última. Esforço-me para descobrir sua fonte".[1]

---

1 *La science que j'entreprends est une science distincte de la poésie. Je ne chante pas cette dernière. Je m'efforce de découvrir sa source.*

E Bachelard, mais tarde, sugeriria que ele realiza a história natural para o pensamento inconsciente. Em Lautréamont haveria portanto algo mais do que uma crise de misticismo ou de loucura. O que os *Cantos* e as *Poesias* revelariam talvez não fosse a encenação poética de uma história pessoal, mas sim, num registro cuidadoso, impecável, a observação rigorosa do funcionamento da energia biopsíquica. Com efeito, tudo se passa como se a experiência da afecção vivida pelo poeta sob o modo da agonia e renascimento lhe permitisse antecipar e explicitar descobertas importantes que Nietzsche e Bergson farão *depois* na filosofia, que Charcot e Freud farão *depois* na psicologia. Tudo se passa como se Lautréamont fosse, a um só tempo, sujeito e objeto da afecção, mas também sujeito e objeto da observação dessa afecção. Tudo se passa como se a experiência da afecção fosse vivida em diferentes registros – há o registro místico-religioso, o registro patológico, o registro científico, o registro poético, o registro ético-filosófico (é preciso lembrar que, terminada a agonia, operado o renascimento, Ducasse vai "corrigir" Pascal e Vauvenargues).

o

Há uma experiência da afecção. Há uma agonia e um renascimento. Que colocam em questão a fenda aberta entre o corpo e a mente, entre a intuição e o entendimento. Há quem tente superar esse hiato através da imaginação. Mas há os que vivem a fenda como uma perda irreparável, como perda do contato entre homem e mundo, entre homem e cosmos. Há os que vivem o hiato como o fim do mundo, literalmente como revelação,

Apocalipse. Num ensaio preliminar,[2] o pesquisador tentara indicar como em alguns autores – D. H. Lawrence, Lautréamont, Nietzsche e Hölderlin – havia uma relação entre a perda do contato, o Apocalipse... e a busca do que já se chamou de uma "nova aliança".

O caminho de Ducasse rumo à nova aliança, ao que tudo indica, não passava pela imaginação, mas sim pela descoberta de que, se não havia contato, era porque o contato dói. E, se doía, era porque a fenda fazia da carne, carne viva; pois tudo o que vinha ao encontro do corpo o afetava negativamente. Como se a energia biopsíquica só pudesse circular negativamente. Como se o homem sofresse uma maldição que condena a energia biopsíquica a só poder existir em termos negativos. De que modo forjar uma saída, onde encontrar a salvação? Uma terrível alternativa parece se impor: ou a energia biopsíquica se afirma como desejo intenso de destruição do mundo, à maneira de São João de Patmos, ou poupa o mundo e volta-se contra o próprio homem, exige a sua supressão, a sua autoimolação. Em outras palavras: a energia biopsíquica se vê aprisionada entre os dois polos do cristianismo: o ódio de São João de Patmos e o amor autossacrificatório de Cristo. Mais ainda: a salvação se encontra sempre para além do mundo, pois implica sempre a abolição de um dos polos homem-mundo.

Ora, ao voltar-se contra o homem, a energia biopsíquica volta-se contra si mesma. Como se o seu investimento só pudesse visar o seu próprio desaparecimento, como se toda a sua positividade estivesse engajada na busca de sua autodestruição, de seu silêncio definitivo – condição

---

2 Laymert Garcia dos Santos, "Apontamentos sobre o Apocalipse". In: Ricardo Arnt (org.), *O Brasil e o armamentismo: a guerra deles*. São Paulo: Brasiliense, 1984.

essencial para pôr fim à afecção causada pelo encontro com o mundo. E é, evidentemente, essa alternativa que Ducasse-Lautréamont experimenta nos primeiros cantos de *Maldoror*, quando seu corpo e sua mente tornam-se um campo de batalha. Até que, dentro da fenda, dentro dessa *no man's land*, a energia biopsíquica tenha pouco a pouco a possibilidade, cada vez maior, de não ver a sua positividade inteiramente canalizada para a agressão ao mundo ou ao homem; vale dizer: deixe de se consagrar à negação.

o

Tal era o estado das coisas no momento da chegada do pesquisador a Paris, em 1985. Uma vez ali, o primeiro livro que escolheu para iniciar o trabalho foi *Diferença e repetição*, de Gilles Deleuze. A escolha revelou-se bastante proveitosa, pois logo no prólogo o filósofo avisa:

> Na trilha de Samuel Butler descobrimos o *Erewhon*, significando ao mesmo tempo o "lugar nenhum" originário e o "aqui-agora" deslocado, mascarado, modificado, sempre recriado. Nem particularidade empírica, nem universal abstrato: Cogito para um ego dissolvido. Acreditamos num mundo onde as individuações são impessoais, e as singularidades, pré-individuais: o esplendor do "SE". Daí o aspecto de ficção científica que deriva necessariamente desse *Erewhon*. O que o presente livro deveria presentificar é portanto a abordagem de uma coerência que não é nem a nossa, a do homem, nem a de Deus ou do mundo. Nesse sentido, deveria ser um livro apocalíptico (o terceiro tempo na série do tempo).[3]

3 Gilles Deleuze, *Différence et répétition*, pp. 3-4.

Trata-se, portanto, de um livro de alguém que escreve de dentro da fenda, de dentro da *no man's land*, de dentro do Apocalipse – o terceiro tempo, a terceira síntese do tempo, aquela que não é nem o tempo do presente, o do Hábito, nem o tempo do passado, o da Memória, mas sim a síntese estática do tempo, quando o próprio tempo se desenrola, em vez de alguma coisa nele se desenrolar (quando o fluxo dos fenômenos torna-se tempo sólido, tangível, diria o lama tibetano). O tempo em que os deuses viram a face, como em Hölderlin, o tempo de Hamlet, o tempo da descoberta do eterno retorno de Nietzsche, tempo que deve abrir as portas que conduzem à nova aliança. Em vez de fazer como Nietzsche, Deleuze, neste livro e em *Nietzsche e a filosofia*, faz com ele o itinerário, "repete" a experiência do eterno retorno (aliás, fica cada vez mais claro que *fazer com* parece ser a única possibilidade de se ler tanto o filósofo-poeta como o poeta-filósofo Lautréamont). Curiosamente, em conversa com o filósofo italiano Toni Negri, que acabara de terminar um estudo dedicado a Leopardi, o pesquisador ouviu a mesma frase: "Não se trata de um livro sobre Leopardi, mas com ele".

A leitura de *Diferença e repetição* é bastante enriquecedora. Não só porque ali encontramos a formulação de algumas noções e temas maiores dos livros posteriores de Deleuze – que pesam no presente trabalho –, mas sobretudo porque, de dentro da fenda, o filósofo desentranhava a exigência da dissolução do ego, estabelecia a consistência da diferença e da repetição no terceiro tempo da série do tempo, destacava sua importância crucial para a noção de intensidade. O capítulo v, "Síntese assimétrica do sensível", mostra-se um verdadeiro instrumento de trabalho, pois é ali que, discutindo com Carnot, com Curie, com a "estranha aliança" que se forja entre a ciência, o bom senso e a filosofia a partir da termodinâmica, Deleuze fará da energia, quantidade intensiva, um princípio transcendental.

> Evitaremos, portanto, de confundir a energia em geral com uma energia uniforme em repouso que tornaria impossível qualquer transformação. Só pode estar em repouso uma forma de energia particular, empírica, qualificada na extensão, onde a diferença de intensidade já está anulada, pois posta fora de si e repartida nos elementos do sistema. Mas a energia em geral ou a quantidade intensiva é o *spatium*, teatro de toda metamorfose, diferença em si que envolve todos os seus graus na produção de cada um. Nesse sentido a energia, a quantidade intensiva, é um princípio transcendental e não um conceito científico.[4]

Ora, como mostrara Deleuze, tomando por base o eterno retorno de Nietzsche, enquanto princípio transcendental, a energia afirma sempre, é a própria potência da afirmação. Por outro lado, referindo-se a um texto de Freud de 1895, o filósofo não deixara de lembrar que, para este, a vida biopsíquica se apresenta sob a forma de um campo de intensidades...

O

Se nas leituras anteriores de Nietzsche, de Deleuze, de Hölderlin, o pesquisador encontrara a formulação da agonia, da experiência da fenda, do Apocalipse, em Bergson encontrou a filosofia que lhe permite rastrear o renascimento de Ducasse. Tudo se passa como se os primeiros

---

4 Ibid., p. 310.

autores ajudassem a balizar o processo a partir do esforço, da luta, da imensa crise, do extremo despojamento, enfim, até que se possa encontrar a energia biopsíquica como pura afirmação. Tudo se passa como se eles nos conduzissem até a morte e, com ela, até esse terceiro tempo que nos faz vivenciar a positividade do próprio instinto de morte, a sua realidade. Tudo se passa como se estivéssemos encarando a Górgona e descobrindo no seu olho a verdade da nossa própria figura – tal qual se pode ler no interessante livro de Jean-Pierre Vernant, *A morte nos olhos*.

Mas com Bergson, é diferente. O pesquisador intui que nos encontramos do outro lado da fenda, lá onde a energia biopsíquica sempre já foi experienciada afirmativamente, lá onde sempre já foi a mais elevada presença do élan vital que se insinua por dentro de todas as coisas. Bergson abria a possibilidade de reler a descoberta de Lautréamont relacionando-a com uma outra experiência, preciosa, precisa e, pela primeira vez, jubilosa, de como se dá a inserção do espírito na matéria, de como se dá a relação entre corpo e espírito. Pois o que faz Ducasse senão ouvir e registrar rigorosamente como a energia se materializa através das afecções de seu corpo? E o que significa tal postura, senão executar a tarefa que Bergson destina ao filósofo?

Com efeito, em *A energia espiritual*, encontramos as palavras que expressam de modo cabal o que é empreendido nos *Cantos* e nas *Poesias*:

> À filosofia cabe a tarefa de estudar a vida da alma em todas as suas manifestações. Exercitado na observação interior, o filósofo deveria descer dentro de si mesmo e depois, voltando à superfície, seguir o movimento gradual pelo qual a consciência se distende, se estende, prepara-se para

evoluir no espaço. Assistindo a esta materialização progressiva, espiando as *démarches* pelas quais a consciência se exterioriza, ele ao menos obteria uma intuição vaga do que pode ser a inserção do espírito na matéria, a relação do corpo com a alma. [...] Mas o metafísico não desce facilmente das alturas onde gosta de ficar. Platão convidava-o a voltar-se para o mundo das Ideias. É lá que ele de bom grado se instala, frequentando os conceitos puros, conduzindo-os a concessões recíprocas, conciliando-os mal ou bem uns com os outros, praticando nesse ambiente distinto uma diplomacia sofisticada. Ele hesita em entrar em contato com os fatos, sejam eles quais forem, e com muito mais razão ainda com fatos como as doenças mentais: ele teme sujar as mãos.[5]

O "lirismo muscular" de Lautréamont, a sua "dinamogenia", presente na "trepidação epileptoide do verbo", encontra nos textos de Bergson não a sua teoria, mas a sua confirmação. Bergson é o filósofo do movimento. E sua importância para a compreensão de Lautréamont é tanto maior na medida em que Bergson é o filósofo que libera o movimento das leis da mecânica, que eleva o movimento para além da física, funda a verdadeira metafísica. Nele, o movimento é sempre movimento da energia vital, e é a partir desse ponto de vista que ele analisará as relações entre o corpo e o espírito, que estabelecerá o funcionamento do sistema nervoso, o papel do cérebro, o processo do pensamento. Nele, a matéria, a memória, o instinto, a inteligência, a afecção adquirem outra inteligibilidade – porque passamos para uma outra dimensão.

[5] Henri Bergson, *A energia espiritual*. Trad. de Rosemary Costhek Abílio. São Paulo: WMF Martins Fontes, 2009, pp. 37-8.

Se tomássemos, por exemplo, as duas primeiras páginas que abrem *Matéria e memória*, veríamos que ali, de modo vertiginoso, já se apresenta concentrado tudo o que é essencial para apreender a afecção, o movimento, o corpo e o espírito em Lautréamont. Essas duas primeiras páginas relatam uma experiência que só parece possivel àquele que já superou a fenda, que já nem sente a necessidade de elaborar um "*Cogito pour un moi dissous*", para retomar a expressão de Deleuze, limitando-se a servir de correia de transmissão para que a energia vital diga como anima o homem no universo. Nessas páginas, o Eu que enuncia o discurso não é o eu do sujeito Bergson, e sim, apenas, o indicador dos diferentes graus de abertura efetuados para que a energia vital não interrompa o movimento no qual revela como aparece para nós, homens.

O

O pesquisador leu *A energia espiritual*, *Matéria e memória* e *As duas fontes da moral e da religião*. E ficou evidente que seria preciso estudar com cuidado toda a obra de Bergson para poder explorar o "lirismo muscular" de Lautréamont. *As duas fontes da moral e da religião*, por exemplo (principalmente os capítulos intitulados "Religião dinâmica" e "Mecânica e mística"), é de grande valia para auxiliar o pesquisador a conceber a religiosidade do poeta, suas relações complexas e conflituosas com o cristianismo, o problema do bem e do mal. *A energia espiritual*, por sua vez, fornece sugestões importantes sobre as duas grandes linhas de evolução da vida – que inicialmente confundidas, mas cada vez mais diferenciadas, vão finalmente desembocar, de um lado, no automatismo perfeito do instinto dos insetos, e, de outro, na inteligência humana.

Ora, em Lautréamont, frequentemente a "dinamogenia" se encarna em gestos que traçam movimentos de aranhas, piolhos etc; a maioria dos comentadores toma a presença de tais animais como símbolos, como metáforas, ou então como fantasmas (no sentido psicanalítico do termo); mas talvez convenha considerá-los como expressão literal da vida instintiva, como vivência da primeira linha de evolução da vida, como recuperação da vida instintiva. Tal perspectiva se encontraria singularmente enriquecida pelo recente livro do etnopsiquiatra Tobie Nathan, *Psychanalyse et copulation des insectes*, que estuda as correspondências entre os fantasmas sexuais e os diferentes modos de copulação nos animais inferiores. Assinale-se que tais correspondências não siginificariam mera semelhança. Para o etnopsiquiatra, os fantasmas não seriam ilusões ou invenções, mas "soluções biológicas *não utilizadas* pelo homem" efetivamente realizadas pelo comportamento instintivo dos artrópodes, o ramo mais distante do homem na árvore filogenética. Nesse sentido, o fantasma possuiria um fundamento biológico, embora *en creux*, e poderia ser produzido sem nenhum aprendizado, pelo simples fato de constituir uma das opções biológicas possíveis – opções que, aliás, são em número limitado.

O

Em seu livro *Massa e poder*, Elias Canetti opunha o histérico, esse prisioneiro que, em vão, se faz de morto para tentar escapar de um poder superior que o domina, ao bosquímano, homem cujo corpo fala, cujos pressentimentos esboçam a metamorfose, faculdade, para nós, perdida. Canetti escreve:

Eles sentem em seu corpo a iminência de certos acontecimentos. Uma espécie de palpitação de sua carne lhes fala e os informa. Como dizem, as letras de seu alfabeto estão em seu corpo. Essas letras falam e mexem e determinam seus próprios movimentos. [...] As palpitações dizem àqueles que as compreendem os caminhos que devem evitar, as flechas que não devem utilizar.[6]

Ora, se é possível ouvir a fala do corpo talvez seja porque o bosquímano, sabendo renunciar a todo personalismo, a toda personologia, acolhe a energia que emana do antílope próximo, do parente que vai chegar, e de certo modo encarna o outro, sem deixar de ser ele próprio. Como se o bosquímano não temesse perder-se ao se abrir às vibrações, enquanto o histérico, ao contrário, se enrijece e, apavorado, tenta defender-se fugindo de uma força que parece assaltá-lo.

Por que, então, a cada vez que se discute com um psicanalista (e o pesquisador teve a oportunidade de fazê-lo, tanto no Brasil quanto na França) a respeito do corpo que fala, imediatamente vem à tona a palavra histeria? A impressão que se tem é que o corpo só pode falar enquanto sintoma, sintoma de uma perturbação que seria puramente psíquica, só pode falar nas condições extremadas da manifestação histérica: no silêncio da paralisia, da anestesia, da perda da sensibilidade e do sentido muscular, e no grito do ataque convulsivo, epileptiforme. E se o corpo é vítima de uma força estranha, de uma força que lhe é como que exterior, há que dela ocupar-se exclusivamente, tomando-se o corpo apenas como suporte de um discurso que não lhe pertence.

6 Elias Canetti, *Massa e poder*, p. 357.

Preocupado com a insistência do diagnóstico, intuindo que os textos de Lautréamont não emanam de um histérico, que não é esse o mal do poeta, o pesquisador foi ler *Leçons sur l'hystérie virile*, de Charcot – compilação de algumas das célebres aulas das terças-feiras que foram tão importantes para o início das formulações de Freud, seu tradutor em alemão.

Ora, Charcot começa o seu estudo da histeria em 1872, dois anos depois da morte de Lautréamont. E, para quem leu o poeta e conhece a importância por ele atribuída ao magnetismo, à hipnose, à catalepsia, o trabalho de Charcot não poderia ser mais elucidativo. Trata-se de um neurologista, de um partidário da medicina experimental, da descrição clínica. Charcot trabalha coletando os signos fisiológicos parciais da histeria que dependem do sistema nervoso e os compara com os sintomas de outras doenças orgânicas. Charcot é um médico naturalista, se atém ao que vê – no corpo. E constata que a lesão é puramente "dinâmica", "*sine materia*", que a paralisia é psíquica, que a impotência motora, embora fruto de uma perturbação psíquica, é tão real quanto a que decorre de uma lesão orgânica. Charcot sabe que a doença não é imaginária, e tenta captar o movimento de sua criação:

> É sem dúvida sabido que, em determinadas circunstâncias, uma paralisia poderá ser produzida por uma ideia e também que uma ideia contrária poderá fazê-la desaparecer; mas, entre esses dois fatos terminais, quantos elos intermediários permanecem na sombra! Evidentemente, eis um assunto que ganharia muito, tanto em precisão quanto em clareza, se pudesse ser submetido a um estudo experimental. Pois bem, senhores, graças às noções recentemente introduzidas na ciência sobre a neurose hipnótica,

tornou-se possível, numa certa medida, fazer intervir a experimentação em casos desse gênero.⁷

Recorrendo à hipnose, Charcot vai então *produzir* sintomas histéricos, provocar paralisias e ataques. Graças ao poder de sugestão da palavra, graças ao poder da força mental que um espírito pode exercer sobre outro, vai produzir a "obnubilação do ego"; e aos seus olhos, como ele mesmo diz, surge o homem-máquina sonhado por La Mettrie, o corpo agitado por movimentos mecânicos automáticos, desordenados. Como não se lembrar do Lautréamont do Canto Sexto declarando expressamente que quer hipnotizar o leitor, submetê-lo aos fluidos magnéticos de sua linguagem, para cretinizá-lo? Há, no entanto, uma enorme diferença. Charcot quer produzir a afecção para examinar de fora o movimento que faz o músculo palpitar ou, ao contrário, paralisar-se; enquanto o poeta quer produzir a afecção para que o leitor experiencie de dentro o mesmo movimento, para que ele próprio constate que o movimento não é puramente mecânico, só aparecendo como tal a um observador exterior, ao fisiologista que postula uma equivalência absoluta entre o mental e o cerebral. Por isso mesmo, o tratamento prescrito por Charcot visa a restauração mecânica do movimento, através de massagens, duchas, remédios, exercícios físicos. Mas como restaurar mecanicamente o movimento do corpo se foi uma ideia que o paralisou? Nem sempre é possível encontrar a ideia oposta para fazer desaparecer o sintoma.

Vejamos então o que Charcot preconiza nessas situações:

---

7 Jean-Martin Charcot, *Leçons sur l'hystérie virile*, p. 93.

Sabemos que a produção de uma imagem mental ou, em outras palavras, de uma representação mental do movimento que se vai executar, por mais sumária e rudimentar que seja, é condição indispensável para a realização voluntária desse movimento. Ora, parece que, nos nossos dois homens, as condições orgânicas que normalmente presidem à representação dessa imagem mental foram profundamente perturbadas, a ponto de torná-la impossível ou ao menos muito difícil, em consequência de uma ação inibitória exercida sobre os outros motores corticais, pela ideia fixa de impotência motora; e é principalmente a esta circunstância que se deve, ao menos em grande parte, a realização objetiva da paralisia; se isto for verdade, é cabível que a repetição dos exercícios dinamométricos tenha como efeito reavivar nos outros a representação motora, condição prévia para a consecução de todo movimento voluntário; e de fato, como pudemos constatar, tais movimentos tendem a se tornar cada vez mais enérgicos à medida que as sessões se repetem. [...] Por isso, com o intuito de tirar partido da influência dinamogênica do centro visual sobre o centro motor, aconselhamos a nossos pacientes que olhem sempre muito atentamente para sua mão enquanto ela aciona o dinamômetro.[8]

Lautréamont com toda certeza não endossaria tal tratamento. Ele sabe que o caminho da cura não está na repetição mecânica, mas sim, para utilizar a expressão de Deleuze, na repetição ontológica. Uma vez obnubilado o ego do leitor, este estaria em condições não de reproduzir o movimento voluntário, mas de aprender a captar e a desbloquear o processo de produção desse movimento. Como fez o próprio

8 Ibid., pp. 108-9.

poeta, como faz, embora sem o saber, o homem que aprende a valsar, no fulgurante exemplo analisado por Bergson.[9]

○

Não, o que se lê nos *Cantos de Maldoror* e nas *Poesias* não pode ser atribuído à histeria. A fala do corpo não é necessariamente expressão do mal do histérico. Em Ducasse não há fuga, não se tenta escapar de uma força exterior. Se há ataque, ele é de outra natureza que o ataque histérico, é muito mais próximo do que diz Gregory Bateson ao apresentar os textos de John Perceval, esse esquizofrênico inglês que, saído do hospício, escreve entre 1830 e 1832 uma autobiografia na qual relata a sua trajetória entre o enlouquecimento e a remissão.

Como em Lautréamont, o relato de Perceval enuncia a agonia e a redenção, uma conversão na qual a energia biopsíquica deixa de ser vivida como negatividade para passar a ser experienciada como afirmação. Há ataque. Mas este, em vez de expressar o caráter negativo de uma defesa, revela o caráter positivo, produtivo, do que Bateson denomina "dinâmica do pesadelo terapêutico".

Com efeito, na introdução a *Perceval le fou: autobiographie d'un schizophrène*, Bateson escreve, a respeito da esquizofrenia:

> [...] porque o mal, se é que seja um mal, às vezes contém propriedades curativas. [...] Agora sabemos perfeitamente que muitos dos supostos sintomas de doenças orgânicas são de fato os esforços que o corpo faz para solucionar problemas patológicos profundos.

9 Henri Bergson, "L'effort intellectuel", em *L'énergie spirituelle*, pp. 178-81.

Entretanto, continua Bateson,

> a dinâmica do pesadelo terapêutico permanece bastante obscura. Considerar o sintoma como fazendo parte do mecanismo de defesa é uma coisa, *outra é acreditar que o corpo ou o espírito contém, de uma ou outra forma, uma sabedoria tal que ela seja capaz de criar esse ataque contra si mesmo, que mais tarde provocará a resolução da patologia.*[10]

Quando começa o ataque, quando se declara a dinâmica do pesadelo curativo? O próprio Perceval marcara esse momento inaugural como aquele em que se instaura o medo do desmoronamento – "*fear of breakdown*". É interessante observar que o esquizofrênico emprega em 1830-2 exatamente a mesma expressão que dá título ao último texto do psicanalista D. W. Winnicott, escrito pouco antes de sua morte e publicado em 1974 – texto que levanta uma hipótese somente esboçada, que é inteiramente nova no campo da psicanálise, e que foi para o pesquisador a faísca que o engajou na via do presente trabalho. Em que consiste o medo do desmoronamento? Perceval esclarece:

> Isto pode acontecer sem que se possa detectar a causa; como a loucura é uma perversão do entendimento, pode ocorrer de essa perversão se produzir pelo medo que o objeto de nossas afecções subitamente inspira. [...] Uma dor do corpo inteiro acompanha o conflito do espírito ao vê-la; esse conflito é produzido por uma complicação das sensações: desejo, pena, desespero, remorso que no momento não posso definir com maior precisão.[11]

10 Gregory Bateson (org.), *Perceval le fou*, pp. 1-14 (grifo meu).
11 Ibid., p. 219.

Quando começa o ataque? Quando Perceval é mergulhado na terceira síntese do tempo, o tempo do Apocalipse, o tempo do instinto de morte, o tempo da prova. Comandado por vozes, Perceval então escreve, aterrorizado:

> O tempo da prova da prova da prova
> E a prova do tempo da prova do tempo
> E a prova do tempo do tempo da prova.[12]

Por sua vez, quando o ataque escande a passagem da agonia para a redenção? Quando se anuncia a conversão na qual a energia biopsíquica deixa de ser vivida como negatividade para passar a ser experienciada como afirmação? Novamente, Perceval marca, com incrível lucidez, o momento preciso:

> [...] um belo dia descobri, quando acreditava escutar uma de minhas vozes, que meu espírito fora subitamente distraído por alguma coisa totalmente diversa. Ainda ouvia o som, mas a voz se desvanecera; o som provinha de um quarto vizinho ou entrava em meu quarto pela janela. Percebi que a voz voltava quando mergulhava novamente no mesmo vazio de pensamento, mas que sua maneira de se expressar mudava segundo meu próprio humor; um pouco mais tarde, como continuasse observando esse fenômeno, descobri que as vozes que normalmente chegavam até a mim sem que pensasse nelas agora diziam-me coisas que eu lhes ordenava dizer, graças a um poder inédito. Em Brisslington, havia observado que o trovão, os mugidos do gado, o tilintar dos sinos eram para meus ouvidos como ameaças, exortações, mas até hoje eu havia

12 Ibid., p. 290.

considerado essas coisas como manifestações do maravilhoso e tinha uma certa apreensão em buscar nelas a sua natureza exata. [...] Acabei descobrindo a natureza dessa alucinação: prosseguindo com minhas investigações, percebi que na respiração de minhas narinas ouvia palavras e frases inteiras, principalmente quando estava agitado. Tampava então os ouvidos: não ouvia mais as palavras, mas uma espécie de cantarolar desagradável; [...] compreendi que todas as vozes que ouvira *dentro* de mim eram produzidas pelo poder que a Divindade tem de dar a palavra a sons dessa natureza, produzidos pela ação do pulso, dos músculos e dos humores do corpo. Todas as vozes que me haviam feito imaginar *fora* de mim eram feitas de sons comuns que estavam à minha volta e que se enxertavam nos sons interiores.[13]

Ora, que se tome o relato de Perceval. E depois, que se confronte o texto citado à última estrofe do Canto Quarto dos *Cantos de Maldoror*. E ver-se-á que a descoberta do poeta é da mesma natureza, que Maldoror, o mal da aurora, não tem outra origem, que doravante vai se iniciar o caminho do renascimento de Ducasse, de sua conversão, seu encontro com o real.

o

Tudo o que tem sido lido e discutido até aqui caracterizaria de certo modo um ponto para onde convergiriam a religião, a filosofia e a patologia, e que poderíamos chamar de experiência-limite. Por ela teriam passado os grandes místicos de que fala Bergson em *As duas fontes da moral e*

---

13 Ibid., p. 285.

da religião; por ela teria passado Nietzsche ao ter a revelação do eterno retorno; por ela, enfim, passariam os esquizofrênicos. Há os que não resistem à prova, enlouquecem definitivamente. Há os que a atravessam. Agonia e renascimento. Lautréamont seria um deles.

Ora, os passos que ritmam a experiência-limite, as fases que escandem o seu processo – medo do desmoronamento, irrupção das vozes, dissolução do ego, descoberta da natureza da afecção, conversão na qual a energia biopsíquica deixa de ser vivida como negatividade para passar a ser experienciada como afirmação – são os mesmos que o lama tibetano encontra na iniciação ao budismo tântrico, no caminho da Iluminação, do Dharma. Caminho que inspirou uma doutrina filosófica multissecular, mas que é ancorado essencialmente numa prática, no exercício da meditação, que não consiste em pensar o ato e sim vivenciar o nascimento do pensamento, em sua articulação com a afecção; que consiste num abrir-se ao modo como a energia vai ocupando a matéria, provocando a sua contração e a sua dilatação, desenhando o movimento da imagem mental e do gesto correspondente numa ou noutra direção em função de resistências e defesas, produzindo determinado efeito que nós, ingenuamente, chamamos de ação voluntária. Vale dizer: a prática da meditação é a busca da superação de si mesmo, a execução de um processo que visa a supressão do dualismo sujeito-objeto, homem-mundo.

É importante observar que os tibetanos dispõem de uma técnica minuciosa e apurada para conduzir o iniciado da agonia ao renascimento, para impedir que a travessia do iniciado corra o risco de desembocar numa espécie de buraco negro. Como a questão fundamental do budismo tibetano é a energia vital, abria-se para o pesquisador uma nova possibilidade de confrontação. De repente, este descobria que os principais problemas formulados por Lautréamont no curso de uma experiência tão radical dentro do contexto europeu eram tematizados há séculos por uma longa tradição que até 1959 desconhecera por completo a evolução e a crise do homem ocidental, por uma tradição que partira de parâmetros inteiramente diversos.

Nesse sentido, a leitura de *A energia da sabedoria*, de Thubten Yéshé e Zopa Rinpoché; de *Além do materialismo espiritual*, de Chogyam Trungpa; de *Introduction au bouddhisme tibétain*, do XIV Dalai Lama; de *Le bouddhisme tantrique du Tibet*, de John Blofeld; de *Gestos de equilíbrio*, de Thartang Tulku; e da tradução francesa dos clássicos *Dhammapada* e *O livro tibetano dos mortos*, deve ser considerada decisiva.

O

Em epígrafe ao seu texto *Poesias*, Isidore Ducasse, ex--Conde de Lautréamont, escreve: "eu substituo a melancolia pela coragem, a dúvida pela certeza, a desesperança pela esperança, a maldade pelo bem, as queixas pelo dever, o ceticismo pela fé, os sofismas pela frieza da calma, e o orgulho pela modéstia".[14]

Tal enunciado, aparentemente desconcertante, provocou muita controvérsia entre os comentadores do poeta. Teria este se convertido ao cristianismo depois de estigmatizá-lo com tamanha virulência nos *Cantos de Maldoror*?

---

14 *Os Cantos de Maldoror*. São Paulo: Iluminuras, 1997, p. 278. *Je remplace la mélancolie par le courage, le doute par la certitude, le désespoir par l'espoir, la méchanceté par le bien, les plaintes par le devoir, le scepticisme par la foi, les sophismes par la froideur du calme et l'orgueil par la modestie.*

Seria Ducasse um poeta "reacionário", como se pretendeu recentemente, um moralista que simula um combate entre o bem e o mal para melhor valorizar o primeiro? Ou, no fundo, trata-se de um homem bem-comportado e pretensioso que lança máximas sem grande interesse, uma vez passada a grande crise delirante que o fizera escrever *Maldoror*? Ou será, enfim, que as *Poesias* não passam de uma operação humorística onde o poeta finge que se arrependeu, pelo prazer perverso de enganar?

A maior parte dos comentários sobre as *Poesias* que o pesquisador pôde ler não hesitam um segundo em inscrever a problemática do texto dentro dos padrões cristãos. Como se não houvesse um "para além do bem e do mal"! Como se as palavras coragem, certeza, esperança, bem, dever, fé, calma e modéstia só pudessem ser ouvidas, e fazer sentido, tomando-se o cristianismo como referencial único e exclusivo. Por outro lado, curiosamente, as *Poesias* não são analisadas por dois dos mais agudos comentadores de Lautréamont: enquanto Bachelard as ignora solenemente, é visível que Blanchot não quer deter-se sobre elas.

Talvez tudo mude de figura se for postulado que não há conversão cristã de Ducasse-Lautréamont, nem real nem simulada, mas sim renascimento do poeta graças à conversão de uma energia biopsíquica que o tira da experiência da fenda e lhe devolve o mundo. Haveria, então, salvação?

Foi com essa pergunta em mente que se foi ler alguns textos clássicos que, como é sabido, foram intensamente lidos pelo poeta: Dante, o Shakespeare de *Hamlet* (Lautréamont fará do castelo de Elseneur o nome de um dos personagens dos *Cantos*) e Baudelaire. Tal trabalho permitiu observar e marcar muitas passagens em que Lautréamont retoma e remaneja profundamente temas e enunciados encontrados nas obras desses autores. A título meramente indicativo, vale a pena notar, por exemplo, o papel do voo dos estorninhos e dos grous no Canto Quinto da *Divina comédia* e nos Cantos Primeiro e Quinto dos *Cantos de Maldoror*. É evidente que Ducasse é "influenciado" por Dante; no entanto, não é menos evidente que uma confrontação entre os dois tipos de voo, tal como aparecem nas obras, permitiria uma avaliação da enorme distância que separa as concepções de ambos a respeito das relações entre razão e desejo. Outro exemplo: que se confronte o início da primeira estrofe do Canto Primeiro de *Maldoror* e o poema de Baudelaire "Epígrafe para um livro condenado", publicado na edição de 1868 das *Flores do mal* – ano em que Lautréamont escreve. Uma vez mais, o que conta não é a "influência", e sim a distância que separa os dois poetas no tocante às relações livro-autor-leitor. Às vezes a figura que surge nos textos é a mesma – como a presença do pelicano em Dante, Shakespeare e Lautréamont; entretanto, se em todos eles podemos assinalar essa menção ao Cristo, assim chamado num versículo da Bíblia, em cada um a força que a evoca lhe confere uma intensidade diferente. Às vezes é a própria força, e que é a mesma – como o ódio votado ao homem que domina a segunda e a quinta estrofes do Canto Primeiro de *Maldoror*, bem como a fala de Hamlet a Guildenstern e Rosencrantz no ato III, cena II, da peça de Shakespeare.

Não foi contudo a busca das "fontes" de Ducasse nem a preocupação com a "intertextualidade" que levaram o pesquisador a ler Dante, Shakespeare e Baudelaire. Foi a tentativa de procurar neles o que havia de intenso, o que caracterizava uma experiência que diferiria da experiência de Lautréamont, o que fazia a especificidade de cada uma, de modo que Ducasse pudesse trabalhá-la, praticá-la, sem entretanto com ela identificar-se.

Ao fim desse percurso, ficou patente que o autor dos *Cantos* e das *Poesias* não poderia seguir a trilha de Dante, não poderia nem mesmo recorrer a ele como este recorrera a Virgílio: a *Divina comédia* revelava uma possibilidade de salvação para o homem, através da conversão à fé cristã – e Lautréamont, de saída, se via forçado a lutar contra o homem cristão dentro de si mesmo para poder salvar-se. Dante via os outros sofrendo na Eternidade a Justiça Divina, Ducasse já a *sofria* na carne, em vida.

Seria possível seguir a trilha de Hamlet? Tudo indica que sim, pelo menos nos primeiros cantos. A peça de Shakespeare revelava que a fenda se abrira, que a dúvida do homem o atirava na terceira síntese do tempo; o mundo desmoronava, transformava-se em prisão, a morte irrompia, incomensurável, a negatividade triunfava, e Hamlet se dizia pronto, disposto a levar o processo que se abria até às últimas consequências. Mas em que consistia essa disponibilidade de Hamlet?

Num texto brilhante, o poeta e crítico Yves Bonnefoy, tradutor de Shakespeare para o francês, analisa o enunciado de Hamlet, "The readiness is all":

> Seria a "disponibilidade" de Hamlet um equivalente elisabetano da disciplina budista – por exemplo, do preparo do samurai – esse outro portador de espada no término de uma outra Idade Média – para aceitar a morte imediata, sem sombra de resistência? Uma maneira de reencontrar uma positividade, uma plenitude, no próprio interior de um mundo vazio? Ocorre que no japonês, guerreiro ou monge, a crítica das aparências, das manifestações ilusórias, se dirige também e até de saída ao ego, que lhe apareceu como suprema ilusão, o que é lógico. Enquanto que a lucidez de Hamlet,

por mais radical que se pretenda, é o feito de um ser que ainda não se resignou ao deslocamento dessa herança, que permanece centrado em si mesmo; e dessa "pessoa" obstinada vejo principalmente o derradeiro ato, uma meditação dolorosa, mas não inteiramente sem esperança, sobre o nada de suas próprias provas. A *readiness* não é essa superação da própria ideia de sentido que, no Oriente, abre para a plenitude do imediato aquela ou aquele que sabe que não é nada mais que a flor rápida da cerejeira; não, (a *readiness*) é mais o grau zero de um sentido cuja lembrança permanece viva, cujas estruturas perdidas são sempre desejáveis, cuja necessidade ainda é até mesmo quase confessada por essa agilidade de consciência onde continua na reserva – para que futuro milagroso? – toda a linguagem que só existia para esperar e organizar. A nova relação consigo do soberano sem reino não é uma paz, um grande riso dilacerando a antiga preocupação; ao contrário, é preciso reconhecer nela um afinamento do sofrimento invencido, sua redução a uma nota sobreaguda, quase inaudível e no entanto onipresente, a ironia, quase aquela de que falará Kierkegaard, que só é o ânimo e o riso para congelá-los com sua nostalgia. Não a liberação, mas o celibato da alma, assumido como um último signo, de desafio desejante, que se faz a esse Deus que se retirou de seu verbo. Um apelo, nesse sentido um pensamento de outrem, a mentira para si mesmo de um pretenso amigo da solidão onde já se anuncia – e disso será prova a grande voga de Hamlet através de todo o século XIX – o dandismo de Delacroix e de Baudelaire.[15]

---

15 Yves Bonnefoy, "Readiness, Ripeness: Hamlet, Lear", pp. 15-6.

Retomemos a pergunta: seria possível a Ducasse seguir a trilha de Hamlet? Tudo indica que sim, pelo menos nos primeiros cantos. Mas o poeta, em sua experiência da afecção, não se detém onde se detivera o herói shakespeareano. A saber: a experiência da afecção o leva a ir além, a destruir a suprema ilusão, a desfazer-se da nostalgia, a queimar a esperança de salvação a partir do ego, a desinvestir radicalmente a possibilidade de um sentido – que este não pode conferir. Ducasse é muito mais próximo do budista – guerreiro ou monge – de que fala Bonnefoy, não é um pretenso amigo da solidão; ao contrário: porque sua solidão é absoluta, irrevogável, o poeta aprende a acolher a sua transitoriedade, a sua precariedade, a ausência de fundamento; não há mais nenhuma perspectiva personalista ou personológica nem mesmo como tênue esperança do que já foi, e não pode mais ser; só há, como diria mais tarde Rilke, a abertura para o Aberto, e isso supõe que se aceite afirmativamente, e não negativamente, como Hamlet, o próprio desaparecimento.

Ora, se Ducasse não pode seguir a trilha de Dante e de Hamlet, muito menos poderá seguir a de Baudelaire. Pois este, justamente num poema intitulado "A Beatriz", surge como "essa sombra de Hamlet imitando sua postura". Com efeito, tudo se passa como se a poesia de Baudelaire registrasse a imagem caricatural do buraco negro em que se precipita o herói shakespeareano, como se fosse a manifestação histérica da crise hamletiana – "Cultivei minha histeria com gozo e terror". Por isso mesmo, Baudelaire será o poeta da ideia fixa, das visões estáticas, dos quadros – em uma palavra, da paralisia; por isso mesmo, quando ouve vozes, entre o real e o sonho Baudelaire opta por este último, foge para o mundo da imagem, terreno inconsistente onde o ego ainda pode subsistir – "O culto das imagens, minha grande, minha única, minha primitiva paixão". Não, Ducasse não pode seguir a trilha de Baudelaire. A experiência da afecção, essa "guerra dos órgãos", de que falará mais tarde Michaux, o conduzia ao movimento, o forçava a partir, a ser o primeiro a partir explicitamente em "guerra contra a imagem", para empregar a expressão de Bonnefoy ao caracterizar a tarefa que a contemporaneidade reserva à grande poesia. Ducasse não poderia seguir nenhuma trilha já aberta pela poesia ocidental, precisava fazer o seu próprio caminho, o caminho da guerra dos órgãos e da guerra contra a imagem.

O

Páginas antes, o pesquisador afirmou que o presente trabalho foi inspirado pelo texto de D. W. Winnicott relativo ao medo do desmoronamento, um ensaio assim concluído pelo psicanalista: "Pode haver um elemento positivo nisso tudo [...]. Pode-se dizer que só da não existência é que a existência pode começar".[16]

Winnicott falava a partir do terreno da patologia, da compreensão nova que se abria na psicoterapia e que fascinou os psicanalistas. Mas agora, lendo *La présence et l'image*, de Yves Bonnefoy, o pesquisador obtém a confirmação do que intuía; a saber: que o enunciado de Winnicott também valia para a poesia. Com efeito, o que diz Bonnefoy?

> No plano dessas representações exaltadas, dessas transfigurações, dessas febres que fazem as nossas literaturas e que a sabedoria oriental denominaria quimeras, seria

---

16 D. W. Winnicott, "La crainte de l'effondrement", p. 43.

preciso que houvesse a capacidade que esta parece ter
– mas apenas sob as folhagens, quando nosso lugar é a
história – de aceitar e ao mesmo tempo de recusar, de
relativizar o que parece absoluto, e depois de redignificar,
de restaurar a plenitude desse não ser...[17]

Redignificar o não ser. Só da não existência é que a
existência pode começar. Abandonando as quimeras, a
Imagem, é ali, nesse ponto de convergência, que a poesia ocidental encontrar-se-ia com a sabedoria oriental;
a primeira, trazendo consigo a História, e a segunda, a
Natureza. Mas talvez Bonnefoy se engane ao conclamar
as nossas literaturas a serem capazes de esboçar tal gesto
de equilíbrio. Talvez Isidore Ducasse, em sua vida, em sua
obra, há mais de cem anos tenha mostrado que a poesia
ocidental já foi capaz; e que, nos *Cantos de Maldoror* e nas
Poesias, talvez se ache escrito o caminho que nos resta, o
caminho do nosso futuro.

---

17 Yves Bonnefoy, *La présence et l'image*, p. 57.

Energia e linguagem em Lautréamont

> *No caso atual e, em suma, em todos os casos de escritos secretos, a primeira questão a resolver é a língua da cifra; porque os princípios da solução, principalmente quando se trata de cifras simples, dependem do espírito de cada idioma e podem ser modificados por ele. Em geral, o único meio é ensaiar sucessivamente, dirigindo-se, segundo as probabilidades, a todas as línguas conhecidas, até se achar a própria.*
> Edgar Allan Poe, O escaravelho de ouro

PRIMEIRA APROXIMAÇÃO

Tentar contar o que se descobriu trabalhando e sendo trabalhado pela obra de Lautréamont é uma empresa impossível. Não há como contar o movimento da lenta impregnação de um texto e os afetos, perturbações, transformações, crises que ele vai suscitando, não há como contar o tempo desse movimento. E, no entanto, há um ímpeto forte que fisga a mandíbula lá perto da orelha, há um esquentamento da fronte, turbina, há um zumbido cavando continuamente os buracos dos ouvidos. Há uma vontade, veleidade, de dar conta.

Escrever é, quase sempre, prestar conta e tentar dar conta. É justificar(-se). Relatar, contar. Escrever é submeter(-se) a julgamento, ir a juízo. Confessar. É o que já dizia Georges Bataille – que o mal e a culpa constituem a essência da literatura, são o seu valor soberano. Por isso, escrever tem, quase sempre, um sentido tão edificante! Por isso, escrever é missão, que se impõe – à qual, antes de qualquer veredito, já se foi condenado.

No fundo, escrever não deixa de ser, quase sempre, uma grande obscenidade; a do fraco que, em troca da mirífica promessa de reconhecimento brilhando nos olhos do outro, se dispõe a todas as abjeções.

Escrever é, quase sempre, a produção de uma emanação nauseabunda. Exalada por aquele que quer se expressar. *Homo loquax.*

Há entretanto aqueles que escrevem para aceder ao silêncio e não para expressar-se, para curto-circuitar o pensamento e não para pensar, para desaparecer e não para aparecer. Escrever torna-se atividade que se exerce em outra dimensão, escrever é o movimento de um sopro, que se funde, se confunde com sua fonte, que é vida, isto é, poesia em ação. Escrever, então, escapa à literatura e aos profissionais da expressão, escapa à lei e à culpabilidade.

Tais homens, a que a rigor a tradicional noção de autor nem mais se aplica, deixam obras desconcertantes. Pois quando alguém descobre que escrever é um modo salutar e auspicioso de calar, de se apagar, e descobre escrevendo, escreve com espantosa precisão a sua descoberta. E quem por acaso se aproxima para ler só aparentemente se encontra diante de um livro: ou vai deparar-se com um sólido, um bloco, uma coisa compacta e impenetrável – um objeto; ou vai ter de atirar-se na água de um rio majestoso e fértil, sem saber nadar. Bloco e rio não são por assim dizer. O bloco é o bloqueio, a presença substantiva do obstáculo, da impossibilidade – deparar-se com um bloco é experimentar a exterioridade absoluta, a resistência. O rio é um escoar-se.

Quase sempre a leitura esbarra no bloco, e estanca. A resistência começa a fabricar um mistério. Não é mais o leitor que resiste, recusa-se atirar-se no rio, é a coisa que rejeita qualquer incursão, que se fecha, enigmática. A coisa... ou o seu autor. Cria-se um caso.

É o que ocorre com *Os Cantos de Maldoror* e as *Poesias*, com Lautréamont-Ducasse. Um caso excepcional. Que dura desde a redescoberta do poeta nos anos 1920, pois já em 1925 a revista franco-belga *Le Disque Vert* intitula o seu número especial "Le cas Lautréamont". Curiosamente, Henri Michaux, um de seus diretores, ali escreve:

> Para mim o caso Lautréamont não existe. Há o caso de todo mundo exceto ele, e exceto Ernest Hello. Há o caso pedante, o caso da literatura, o caso dos romancistas, o caso da mediocridade infinitamente diversa e o caso daqueles que consideram Lautréamont um caso.
> O que preciso, realmente, é que me expliquem o caso Cícero, o caso La Bruyère, o caso Bazin, o caso dos homenzinhos que gostam de escrever.
> Amei sem restrição nem explicação dois homens: Lautréamont e Ernest Hello. O Cristo também, para falar a verdade.
> – Mas foi o senhor que propôs este número...
> – Foi, sim, e daí?[1]

O

Há o caso de todo mundo, exceto o caso de Lautréamont, diz Michaux. Há uma exceção. A regra é a literatura, a regra é o caso dos homenzinhos que gostam de escrever.

---

1 Max Chaleil, *Entretiens: Lautréamont*, p. 95.

Há uma exceção que se subtrai às regras. Como perceber a exceção se não é possível considerá-la nos termos a que nos habituaram a literatura e a crítica? Num curto texto sobre Lautréamont,[2] depois de apontar e descartar as questões de estilo e de linguagem dos *Cantos*, sempre tão discutidas, Henry Miller sugere uma via: a análise dos ingredientes e da construção da obra não ensinam nada. "Alguém crucificou-se: isso é o que conta". Crucificou-se, assumiu o mal em toda a sua extensão e diversidade, no momento em que o mundo inteiro degringolava – embora ainda secretamente, no inconsciente. Alguém crucificou-se deixando, na expressão de Miller, uma bíblia negra, onde se lê: "Não estamos mais na narração. [...] Ai! agora chegamos ao real, no que diz respeito à tarântula".[3]

A via sugerida por Miller parece sedutora. Mas, por isso mesmo, torna-se inaceitável. Pois ainda faz de Lautréamont-Ducasse e sua obra um caso; extraliterário, é verdade, mas ainda assim um caso que preserva obra e autor, o escabroso caso da bíblia negra e desse misto de Cristo, Anticristo e João do Patmos cujo antissacrifício revelou o advento do Apocalipse no inconsciente, antes de sua irrupção no mundo exterior (lembrar que Henry Miller escreve em 1944). A via sugerida faz dos *Cantos* uma escritura sagrada e de Lautréamont-Ducasse um redentor maldito, figura fantástica, sobrenatural, figura-símbolo.

Mais perturbadora, mais intrigante é a via proposta por Artaud para marcar a exceção que se subtrai ao caso

---

2 "Let Us Be Content with Three Little Newborn Elephants", republicado em francês sob o título "Contentons-nous de trois petits éléphants qui viennent à peine de naître", in Max Chaleil, op. cit., p. 136.

3 "Nous ne sommes plus dans la narration. [...] Hélas! nous sommes maintenant arrivés dans le réel, quant à ce qui regarde la tarentule".

de todo mundo. Alguém crucificou-se? Ou teria sido crucificado? E, nessa hipótese, por quem? Dois anos passados da advertência de Miller, na primavera de 1946, Antonin Artaud escreve, do hospício, a sua "Lettre sur Lautréamont".[4] Num texto de menos de seis páginas, não a análise, não a exegese, mas confidências sobre "o Conde impensável de Lautréamont". Deixando de lado os *Cantos* e as *Poesias*, passando ao largo da "obra literária", Artaud vai direto às cartas "comerciais" de Isidore Ducasse ao editor Verbroeckhoven, ao banqueiro Darasse – como que para gritar a todos, de saída, a preeminência da especificidade da linguagem do poeta sobre o ato e o fato literários; como que para dinamitar, de uma vez por todas, o objeto fetiche, a mercadoria literatura, destruir o seu *valor* e resgatar o seu real valor, para além do capital. Por que eleger a linguagem das cartas, senão para mostrar que nelas se dá a subversão da própria letra do pacto social, que a própria forma da mercadoria é corroída pela vibração musical das palavras e que para demonstrá-lo nem é preciso recorrer à produção poética?

> Ele não pode escrever uma simples carta comum sem que se sinta nela a trepidação epileptoide do verbo que, seja como for, não quer ser usado sem fremir. Rã do infinitamente pequeno, é a reclusa desse verbo, a Poesia, que Lautréamont torna, em cada letra, um canhão de marinha a fim de repelir o princípio do boi.

Trepidação epileptoide do verbo. Talvez tenha sido Artaud quem começou a explicitar, para o pesquisador, em que Lautréamont-Ducasse e "o dispositivo *Maldoror-Poesias*",

---

4 Antonin Artaud, "Lettre sur Lautréamont", pp. 32-7.

segundo a expressão de Francis Ponge, são exceção, subtraem-se ao caso de todo mundo. De repente Artaud nomeava com violência o movimento psicofisiológico extremamente intenso que passa a agitar a linguagem. De repente impunha-se, para a compreensão, a evidência de que a experiência da linguagem é afecção. Outros também pressentiram que essa poesia afetava – como André Breton, Leon Bloy, Aragon, Alain Jouffroy.[5] Mas ninguém, como Artaud, foi tão sensível ao caráter ameaçador dessa evidência para a ordem estabelecida. Não é possível que o impensável Conde pudesse seguir dizendo o verbo como diz, exclama Artaud. Era preciso silenciá-lo ou prendê-lo nas malhas da loucura, "porque se teve medo de que sua poesia saísse dos livros e derrubasse a realidade".

Trepidação epileptoide do verbo. A experiência da linguagem como afecção. A linguagem acometida do mal dos nervos, do que outrora se chamou o mal sagrado. Tremores, ataques bruscos, convulsões percorrem as palavras, agitam as frases, detonando a carga poética. Eis a força da poesia de Lautréamont-Ducasse – "pulsação de poesia instante". Como a sociedade poderia combater esse mal, se não opondo a essa força uma

---

[5] Para Breton, "o verbo, não mais o estilo, sofre com Lautréamont uma crise fundamental, marca um recomeço. É o fim dos limites dentro dos quais as palavras podiam entrar em relação com as palavras, as coisas com as coisas. Um perpétuo princípio de mutação apoderou-se dos objetos bem como das ideias, tendendo para a sua libertação total, que implica a do homem". Para Bloy, a linguagem de Lautréamont é lava líquida que nos faz sentir as artérias do poeta batendo e sua alma vibrando até a desarticulação. Para Aragon, "nem os *Cantos* nem as *Poesias* podiam continuar sendo considerados como uma linguagem. Mas sim como um grito das entranhas". Para Alain Jouffroy, "Lautréamont pensa com seu corpo com seus órgãos pensa o que lhe dita seu corpo".

outra, paralisante, aquela que povoa o poeta de vozes e intervém, de dentro, para fazer cessar a fibra musical da linguagem?

Num prefácio à reedição do poeta, Edmond Jaloux escrevera, em 1938, que a obra de Lautréamont lhe parecia uma confissão inspirada por milhares de espíritos e transcrita por um só. Oito anos depois, Artaud projeta uma estranha luz sobre tal comentário ao tentar encontrar uma explicação para o desaparecimento prematuro e obscuro de Isidore Ducasse, aos 24 anos. Pois vê na morte do poeta – "tão evasivamente corriqueira" – o resultado de uma sinistra operação: "a bacanal do inconsciente contrabandeado de todos contra a consciência desconcertada de um só". Uma operação na qual Ducasse surge como vítima e o Conde de Lautréamont como operador das vozes, dos espíritos, um verdadeiro porta-voz.

> E eu digo que havia em Isidore Ducasse um espírito que sempre queria deixar cair Isidore Ducasse em proveito do impensável Conde de Lautréamont, um belíssimo nome, um nome insigne. E eu digo que a invenção do nome de Lautréamont, embora tenha servido de senha para que Isidore Ducasse abrigasse e introduzisse a magnificência insólita de seu produto, digo que a invenção de tal patronímico literário, como um hábito superior à vida, deu lugar, por sua elevação acima do homem que o criou, à passagem de uma dessas sacanagens coletivas crassas, de que está cheia a história das letras, e que, a longo prazo, fez a alma de Isidore Ducasse fugir da vida.

Ducasse, então, não teria se sacrificado como afirmava Miller. Teria sido sacrificado, por ordem das vozes, pelo Conde de Lautréamont, indefinível assassino.

Pois foi realmente Isidore Ducasse quem encontrou o nome de Lautréamont. Mas quando o encontrou, não estava só. Quero dizer que havia em torno dele, e de sua alma, uma floculação microbiana de espiões, a babosa, acrimoniosa precipitação de todos os parasitas mais sórdidos do ser, de todos os espectros antigos do não ser, essa praga de aproveitadores inatos que lhe disseram, em seu leito de morte: "Nós somos o Conde de Lautréamont, autor dos *Cantos de Maldoror*, nós te matamos". E ele morreu, de madrugada, no limiar de uma noite impossível.

Ducasse morreu de raiva, sacrificado pelo Conde, revela Artaud. Por ter desejado conservar sua individualidade intrínseca; por recusar-se a transformar-se no funil do pensamento de todos. "Pois a operação não consiste em sacrificar o seu eu de poeta, e àquela altura de *alienado*, para todo mundo, mas de se deixar penetrar e violar pela consciência de todo mundo, de tal modo que se é, em seu corpo, apenas o servo das ideias e reações de todos."

o

Com Artaud abre-se uma via – só uma leitura sem obstáculo, uma leitura a pulsar ao ritmo da pulsação da poesia instante, a fundir-se na corrente que passa, pode encontrar na trepidação epileptoide do verbo, na linguagem-afecção, a especificidade da linguagem de Lautréamont-Ducasse. O simples fato de ter nomeado tal especificidade já torna a via aberta por Artaud incontornável, exige que a sigamos com atenção. Mas, por isso mesmo, imediatamente, surge um problema intrigante. Se parece imperioso seguir Artaud, como conciliar a lucidez das confidências sobre a linguagem do Conde impensável com o aparente delírio sobre a morte do poeta? Até que ponto seria legítimo acolher a primeira metade da "Lettre sur Lautréamont" e descartar, como louca, a segunda? A prudência recomenda que não se mutile o texto – talvez a razão esteja com Artaud, talvez a operação que se revela seja tão pertinente, tão perturbadoramente verdadeira quanto a trepidação epileptoide do verbo; talvez até mesmo a linguagem-afecção e o "assassinato" se iluminem mutuamente, pertençam a um único processo. O processo da exceção que se subtrai ao caso de todo mundo.

Com efeito, se seguirmos as indicações de Artaud sobre a mente do poeta, veremos que há uma operação envolvendo uma luta de forças. Com efeito, tudo se passa como se uma batalha estivesse sendo travada – de um lado, Isidore Ducasse, o pobre d'Isidore Ducasse, do outro, o Conde impessoal, o Conde impensável, o rico *de* Lautréamont, indefinível, assassino; de um lado, Ducasse e sua alma, de outro, a floculação microbiana de espiões, a corrida babosa, acrimoniosa de todos os mais sórdidos parasitas do ser, de todas as assombrações antigas do não ser, a praga de aproveitadores inatos; de um lado, a consciência desconcertada de um só, de outro, o inconsciente contrabandeado de todos; de um lado, um poeta que quer conservar sua individualidade intrínseca, como Poe, Nietzsche, Baudelaire e Nerval, de outro, o funil do pensamento de todos, destino de Victor Hugo, Lamartine, Musset, Pascal e Chateaubriand; de um lado, o eu do poeta e do alienado, do outro, a consciência de todo mundo; de um lado, as obras arqui-individualistas, de outro, a consciência geral.

Uma batalha entre as forças está sendo travada. Ora, diz Artaud, "em nosso corpo não há pontos onde possamos nos encontrar com a consciência de todos. E em nosso corpo estamos sós". Se assim é, a disputa pela supremacia não só se trava sobre o corpo como envolve o próprio destino deste. Pois caso triunfem a solidão, a individualidade intrínseca, o eu do poeta, vale dizer, para Artaud, a liberdade, triunfam também o corpo e o coração de carne de Isidore Ducasse; mas se vencem as vozes, a consciência de todo mundo, o funil do pensamento – a servidão –, o corpo também é vencido, vai morrer de raiva, de impotência, suando e olhando sua morte como do orifício do caixão...

Como pôde ser rompida a solidão? Quando a capacidade de afetar passou a perder terreno para a capacidade de ser afetado? Quando se desencadeou a diabólica operação que vai matar Ducasse e fazer sua alma fugir da vida? Quando o eu do poeta, em vez de resistir, deixou-se violar pela consciência de todo mundo a ponto de, em seu corpo, tornar-se o servo das ideias e reações de todos?

As vozes começaram a vencer quando encontraram um aliado nas forças inimigas – um espírito que, em Isidore Ducasse, sempre queria deixar cair Isidore Ducasse em proveito do Conde impensável de Lautréamont. As vozes começaram a vencer quando Isidore Ducasse, talvez credulamente, inventou um nome que não era um nome qualquer. E quando foi inventado esse nome? Não se sabe ao certo. Mas sabe-se que foi assumido *depois* da primeira publicação, anônima, do Canto Primeiro dos *Cantos de Maldoror*, em agosto de 1868, de todo modo, *depois* de ele escrever, na última estrofe:

> Não sejais severo com aquele que não faz mais que experimentar a sua lira: ela produz um som tão estranho! No entanto, se quiserdes ser imparcial, reconhecereis já uma marca forte, em meio às imperfeições. Quanto a mim,

voltarei ao trabalho, para publicar um segundo canto, num lapso de tempo que não seja muito longo. O fim do século XIX verá seu poeta.

Há o caso de todo mundo exceto o caso de Lautréamont, dizia Michaux. Há uma exceção. A regra é a literatura, a regra é o caso dos homenzinhos que gostam de escrever. Há uma exceção que se subtrai às regras. Como continuar sustentando tal afirmação, se Artaud, que com tanta lucidez destaca a trepidação epileptoide do verbo, acaba de dizer que Ducasse morreu porque deixou-se violar pela consciência de todo mundo, porque tornou-se servo de suas ideias e reações? Mais ainda: inventando um nome (pseudônimo aparentemente inspirado no livro de Eugène Sue, *Latréaumont*, que romanceou a vida de Gilles du Hamel de Latréaumont), Ducasse não teria cedido a um espírito, o espírito que sempre queria deixá-lo cair em proveito do Conde de Lautréamont, entidade impensável e indefinível que quer escrever, que reivindica a autoria dos *Cantos*? Surge a dúvida: acaso não haveria oposição, contradição, entre a afirmação-Artaud e a afirmação-Michaux? Acaso aceitar Artaud não implicaria rejeitar Michaux?

Talvez a contradição seja aparente. Talvez a entidade impensável e indefinível que se firma escrevendo a partir do Canto Segundo, que cada vez mais exercita a sua lira em vez de experimentá-la, talvez o Conde de Lautréamont tenha mesmo, como diz Artaud, levado Ducasse a morrer de raiva. Mas talvez o Ducasse que o espírito deixou cair não seja o poeta, e sim a individualidade intrínseca, o eu do poeta, que só aparece vital dentro de um sistema de oposições e batalha entre o interior e o exterior, entre o que é afetado e o que afeta, entre a solidão muda e as vozes de todo mundo. Talvez tenha mesmo havido uma operação que se desencadeou inadvertidamente, talvez no começo se tratasse efetivamente do caso de alguém que se dispõe ao sacrifício para ser poeta. Há com toda certeza um sacrifício nos *Cantos*, há com toda certeza o apagar-se progressivo de uma individualidade intrínseca nos *Cantos* e nas *Poesias*, há com toda certeza eco de vozes na vitória da poesia impessoal. Artaud detecta tudo, e revela em suas confidências. Mas é como se detectasse tudo negativamente, movido pela necessidade de ferro de uma escolha – ou a individualidade intrínseca ou o funil do pensamento geral, ou a preservação da integridade ou a bacanal do inconsciente contrabandeado de todos contra a consciência desconcertada de um só. E se, em vez de detectar o processo negativamente, o fizéssemos em sua positividade? E se o desaparecimento da individualidade intrínseca e a expansão da poesia impessoal marcassem não o movimento que leva Ducasse à morte, mas o movimento que o traz para a vida? Se assim for, Lautréamont-Ducasse é mesmo aquele de quem fala Michaux. Há o caso de todo mundo, exceto o caso de Lautréamont. O caso é de todo mundo porque todo mundo se debate na alternativa ou... ou porque todo mundo faz da vida um caso, que todo mundo quer expressar, escrever. Há uma exceção – Lautréamont. Que escreve como quem se exerce na arte de furtar-se à rigidez da alternativa, como quem inventa um estilo que lhe permite nadar com facilidade crescente nas águas da poesia impessoal, lá onde se calam o eu do poeta e a consciência geral, as duas faces da mesma moeda, lá onde o silêncio é júbilo de ser onda entre ondas.

SEGUNDA APROXIMAÇÃO

Não basta dizer que Artaud detecta tudo, mas que o faz negativamente. É preciso tentar captar o processo na vibração de sua positividade. O que nos remete às dificuldades do leitor, além daquelas inerentes à própria complexidade do processo.

Experimentemos aproximarmo-nos um pouco mais. Artaud detectara a trepidação epileptoide do verbo e nela vira a especificidade da poesia de Lautréamont-Ducasse. Bachelard também foi atingido por essa dimensão da linguagem, uma vez que sente, pressente que algo de fundamental está acontecendo com a linguagem; por isso, durante "longos meses", vai dedicar-se à meditação dos *Cantos de Maldoror* e, a partir dela, escrever um livro, *Lautréamont*.

Desta vez, porém, não é um poeta que nos faz confidências. É um homem de ciência e filósofo que nos expõe a análise fenomenológica de uma experiência. Trata-se de descobrir por que em Lautréamont a linguagem age, por que a linguagem é ação e não representação. E, como todo bom homem de ciência, Bachelard começa declinando os seus objetivos.

> Eis portanto nosso duplo objetivo: em primeiro lugar queremos determinar, nos *Cantos de Maldoror*, a espantosa unidade, o vigor fulminante da ligação temporal. A palavra busca a ação, diz Maxime Alexandre. Em Lautréamont, a palavra encontra a ação, imediatamente. Alguns poetas devoram ou assimilam o espaço; dir-se-ia que eles sempre têm de digerir um universo. Outros poetas, muito menos numerosos, devoram o tempo. Lautréamont é um dos maiores comilões de tempo. Como mostraremos, esse é o segredo de sua insaciável violência.

Bachelard prossegue: "Em segundo lugar, queremos destacar um *complexo* particularmente enérgico",[6] um complexo que parece fornecer à obra de Lautréamont toda a sua energia: "É o *complexo da vida animal*; é a energia de agressão. De modo que a obra de Lautréamont nos parece uma verdadeira *fenomenologia da agressão*. Ela é *agressão pura*".[7]

Tudo indica, então, que Bachelard vai dedicar-se à meditação dos *Cantos* porque foi afetado por uma linguagem em que a palavra acha o gesto que lhe corresponde e o acha em tempo recorde, isto é, imediatamente. Tudo indica que Bachelard foi atingido em cheio pela rapidez e pela violência direta que essa poesia executa, pelo seu modo inédito de agredir.

Tempo e energia de agressão seriam portanto as duas noções-chave para se apreender a especificidade dessa linguagem. "Ora", continua Bachelard,

> o *tempo da agressão* é um tempo muito especial. Ele é sempre reto, sempre dirigido; nenhuma ondulação o curva, nenhum obstáculo o faz hesitar. É um tempo simples. Ele é sempre homogêneo ao impulso primeiro. O tempo da agressão é produzido pelo ser que ataca no plano único em que o ser quer afirmar sua violência. O ser agressivo não espera que lhe deem tempo; ele o toma, o cria. Nos *Cantos de Maldoror* nada é passivo, nada é recebido, nada é esperado, nada é seguido. Por isso, Maldoror está acima do sofrimento; ele faz sofrer, não o recebe. Nenhum sofrimento pode *durar* numa vida despendida na descontinuidade dos atos hostis. Aliás, basta tomar consciência da animalidade que subsiste em nosso

---

6 Gaston Bachelard, *Lautréamont*, p. 8 (grifo do autor).
7 Ibid., p. 9.

ser para sentir o número e a variedade dos impulsos agressivos. Na obra ducassiana, a vida animal não é uma metáfora vã. Ela não suscita símbolos de paixões, mas sim instrumentos de ataque.[8]

Seria preciso sublinhar tal fragmento quase que palavra por palavra, pois ele enuncia uma experiência e uma concepção do tempo que constituem o alicerce do interesse de Bachelard por Lautréamont e da descoberta que dele decorre. O *tempo da agressão* é simples e dirigido; o tempo da agressão é uma descarga de energia, e a descarga é afirmação, e a afirmação é violência; o tempo da agressão age, afeta – faz sofrer e não sofre; o tempo da agressão é emissão de pontos-instantes decisivos configurados como atos hostis, fervilhamento dos impulsos animais que subsistem em nós; o tempo da agressão não dura, não pode durar – pois só a sua descontinuidade permite-lhe suspender a vida acima do sofrimento.

Por que o tempo da agressão é animal? Porque para Bachelard o gesto do animal desenha, no espaço, *a um só tempo*, o tempo da intenção e o tempo da realização de um instinto concebido como violência pura. Porque não há intervalo entre intenção e ação. Tudo se passa num só movimento. E por que a obra de Lautréamont se inscreve nesse tempo? Porque Lautréamont escreve uma fábula inumana ao reviver os impulsos brutais que ainda batem forte no coração dos homens, porque, nos *Cantos*, "o animal é captado não em suas formas, mas em suas funções mais diretas, precisamente em suas funções de agressão";[9] e então, "*o ardente passado animal de nossas*

---

8 Ibid. (grifo do autor).
9 Ibid., p. 10.

paixões ressuscita aos nossos olhos apavorados".[10] Porque, para Bachelard, o poeta enuncia e demonstra uma equação: querer-viver = querer-atacar.

Estamos, portanto, diante de uma poesia singular onde o que conta é a produção de atos, de gestos, cuja animalidade deve ser apreendida *de dentro* como uma emanação da vontade pura. Estamos, portanto, diante de uma "poesia ativa", "poesia ardente", de uma "poesia da excitação, do impulso muscular", que não teria nada a ver com a poesia visual das formas e cores. Aqui, é a ação que cria a sua forma e a ação é metamorfose, mudança de forma.

Ora, aceitar esse ponto de vista "exige uma transformação da atitude do leitor – este não deve decifrar as metáforas, mas flagrar o gesto em seu momento nascente, flagrar a ação que está gerando a metamorfose, flagrar o ardor do tempo desse impulso animal, já que "o ardor é um tempo, não é um valor".[11] Vale dizer: registrar, tal como um cinegrafista, o tempo e o movimento da metamorfose, registrar a dinamogenia presente na experiência da metamorfose.

> Em Lautréamont, escreve Bachelard, a metamorfose frequentemente é o meio de realizar de imediato um ato vigoroso. Em consequência, a metamorfose é sobretudo uma metatropia, a conquista de um outro movimento, vale dizer de um novo tempo. Uma vez que o ato vigoroso desejado é um ato de agressão, o tempo deve ser concebido como uma acumulação de instantes decisivos, sem grande preocupação com a duração da execução.

10 Ibid. (grifo meu).
11 Ibid., p. 15.

A decisão cresce ao afirmar-se. O querer-atacar se acelera. Um querer-atacar que diminuísse seria um absurdo.[12]

É preciso, portanto, registrar a dinamogenia da metamorfose ducassiana. Como? Primeiro, procurando torná-la visível, comparando-a, por exemplo, com a metamorfose kafkiana; assim, a primeira encarna o querer-viver que se exalta, a aceleração vital, a impetuosidade, enquanto a segunda, o querer-viver que se esgota, a lentidão de um tempo que morre, a paralisia. E quando ficar evidente a base vital da metamorfose, a origem vitalista da questão, Bachelard vai anunciar como proceder para captar a dinamogenia da experiência poética de Lautréamont, como proceder para aceder à trepidação dessa linguagem que age: "Portanto, se quisermos aproveitar inteiramente a lição ducassiana, não adianta contemplar as formas, que são paradas bruscas e sofreadas; *é preciso tentar viver a série das formas na unidade da metamorfose, e sobretudo tentar vivê-la – depressa*".[13]

Em vez de contemplar, tentar viver; em vez de imagens fixas vistas, a série das formas vivida na unidade da metamorfose; e vivida *depressa*. O que seria isso? Em que consistiria tal procedimento? Como viver o tempo e o movimento da poesia de Lautréamont? A questão levantada é agudíssima, coloca o leitor dos *Cantos de Maldoror*, mas também do texto de Bachelard, numa encruzilhada que exige dele uma resposta vital. Pois o modo como serão vividos o tempo e o movimento da poesia de Lautréamont será o mesmo como serão vividos o tempo e o movimento da própria vida; isto é: o modo como se vive numa ou noutra dimensão.

---

12 Ibid., p. 17.
13 Ibid., p. 22 (grifo meu).

Bachelard diz: é preciso tentar viver a série das formas na unidade da metamorfose. Isso implica viver o movimento da transformação em sua unidade e no tempo dessa unidade; isso implica viver a metamorfose de dentro. É o que Bachelard aparentemente faz em seu livro. Mas só aparentemente. Pois viver a metamorfose ducassiana de dentro exigiria sintonia absoluta entre o tempo e o movimento vital do leitor e o tempo e o movimento vital da poesia; o que, evidentemente, excluiria a existência da observação "objetiva" e de um observador exterior, a existência de um físico interessado em medir a dinamogenia da poesia. Tal qual um espectador de um "cinema acelerado", Bachelard verá, projetado, o movimento da metamorfose. Mas será isso viver?

Retomemos a pergunta: como viver o tempo e o movimento da poesia de Lautréamont? Bachelard sente, ou sabe, que a encruzilhada é cortada, fundamentalmente, por dois caminhos. Há os que vivem no tempo, e por isso mesmo vivem o tempo e o movimento de dentro; há os que vivem no espaço, e por isso mesmo vivem o tempo e o movimento de fora. Bergson está entre os primeiros, Bachelard entre os últimos. Há os que vivem como os peixes *na* água, como os pássaros *no* ar; e há os que vivem *sobre* a terra. E não deixa de ser revelador perceber que Bachelard, uma vez reconhecida a necessidade de se viver o tempo e o movimento dos *Cantos*, vai imediatamente descartar a possibilidade de vivê-los de dentro, vai até mesmo opor imediatamente Lautréamont e Bergson, como que para afastar de maneira definitiva a iminência de uma tentação.

Retomemos a pergunta: como viver a dinâmica da metamorfose em Lautréamont, como captar o tempo e o movimento do "complexo ducassiano"? A resposta de Bachelard é clara: restituindo o valor dinâmico, o *peso algébrico* que mede a ação vital dos diversos animais, estabelecendo coeficientes dinâmicos; em suma: elaborando um sistema que, ao modo de um sensor, possa apreender na trama da análise "a intensidade dos atos ducassianos". A intensidade – a crueldade, por exemplo, do ataque de garras dilacerando; ou a volúpia entorpecedora de ventosas sugando.

Bachelard segue um caminho. O de quem vê a dinâmica do gesto animal desenhando-se no espaço, de quem avalia esse gesto. E, para nós, é da maior importância que o siga até o fim, até as últimas consequências, com todo o empenho, que nele engaje toda a sua sensibilidade e acuidade intelectual. E, para nós, é da maior importância acompanhá-lo em suas descobertas – condição essencial para também acompanhar os seus impasses.

Querer-viver = Querer-atacar, enuncia a equação bachelardiana.

> [...] o instinto organiza e pensa. Ele mantém os pensamentos, os desejos, as vontades especificadas o tempo suficiente para que as energias se materializem em órgãos. O instinto ofensivo continua um movimento com vontade bastante para que a trajetória se torne uma fibra, um nervo, um músculo. A cruel alegria de esquartejar afasta, aguça e multiplica os dedos. As relações entre o moral e o físico são portanto relações de formação. O querer-atacar forma a ponta. A defesa (concha ou carapaça) é redonda. O ataque – vital ou sexual – é pontudo.[14]

E, para elucidar a equação, para demonstrá-la, um método – a fenomenologia dinâmica:

---

14 Ibid., pp. 34-5.

Assim, se fizermos, como estamos propondo, a soma de todos os movimentos da garra, se substituirmos sistematicamente as imagens prontas pelas funções em suas tentativas de sinergia, em suma, se captarmos o querer-atacar em sua fisiologia elementar, chegamos à conclusão de que a vontade de dilacerar, de unhar, de beliscar, de apertar nos dedos nervosos é fundamental.[15]

O que Bachelard traduzirá numa fórmula fulgurante: "é preciso viver para beliscar, e não beliscar para viver".

Se a função cria o órgão, se este apenas simboliza o ponto de chegada, a atualização de uma energia vital que partiu da vontade, os polvos, aranhas, tubarões, piolhos, caranguejos, águias e abutres lautréamontianos não são imagens de animais, mas forças animais consubstanciadas num esquema dinâmico, num modo de ser específico no espaço e no tempo. Surge então a pergunta: como é possível que a poesia dos *Cantos* seja uma poesia das forças e não das imagens? O que teria levado Lautréamont-Ducasse a produzir essa diferença? A sombra de Kant parece estender-se cada vez mais sobre o caminho de Bachelard. Se em *Maldoror* há forças animais e não imagens de animais, é porque a poesia de Lautreamont é fruto de uma imaginação energética, imaginação motora, imaginação das formas sendo feitas, e não de uma imaginação estática, imaginação das formas acabadas.

Há a imaginação motora do poeta. Que em vez de artifícios da fantasia produz ações de animais, gestos instintivos, vitais; gestos que veiculam força e não forma. Ora se a poesia é agitada por forças, é até mesmo a própria presença das forças, por que alojá-la na imaginação?

15 Ibid., p. 37.

Tudo se passa como, se deixando para trás a imaginação estática, produtora de imagens de animais, Bachelard precisasse postular a existência de uma imaginação dinâmica, que produziria imagens da motricidade dos animais; quer dizer: uma imaginação mais complexa, mais abstrata embora mais profunda, mais substancial embora mais fugidia, que não se atém à superfície dos seres, à sua aparência, que é capaz de revelar, no movimento manifesto, a intenção latente.

Tentando então "surpreender" as imagens da motricidade em Lautréamont, tentando vivenciar *Maldoror* como cientista e psicólogo, Bachelard vai descobrir que a imaginação motora é natural e que se ancora numa necessidade de animalizar. E porque tal necessidade é biológica, a função primeira da imaginação é fazer formas animais. Vejamos como.

No texto do Canto Sexto surge um rabo de peixe com asas de albatroz. Onde o leitor acostumado à poesia visual vê uma forma insólita, a imagem de uma criatura fantástica, Bachelard vê uma metamorfose esquemática, a contaminação de dois mecanismos, a simples composição, quase geométrica, do voo e da natação, a síntese de dois meios de propulsão.

> Essa *confusão*, essa fusão, só é um nonsense para um espírito imbuído da permanência das formas. O que não vem ao caso para quem aceita o cinetismo como necessidade poética fundamental: do nado ao voo há evidente homotetia mecânica. O pássaro e o peixe vivem num volume, enquanto nós vivemos apenas sobre uma superfície. Como dizem os matemáticos, eles têm uma "liberdade" a mais do que nós. Como o pássaro e o peixe têm um espaço dinâmico semelhante, não é absurdo, no reino

dos impulsos, no reino da imaginação motora, confundir os dois gêneros de animais. Se a poesia realmente se anima nas origens do verbo, se ela é contemporânea de uma excitação psíquica elementar, os movimentos fundamentais como o nado, o voo, a marcha, o salto devem alertar as poesias especiais.[16]

De repente, tudo está dito. O rabo de peixe voador catalisa todo o problema que preocupa Bachelard e ilumina toda a questão. É que para o cientista, o filósofo, o físico Bachelard, os animais marinhos e voadores se movem num espaço dinâmico tridimensional, vivem *no* ar e *no* mar, enquanto o homem se move num espaço dinâmico bidimensional, vive *sobre* a terra. E o homem então aspira, biologicamente, a essa "liberdade" que lhe falta, que lhe adviria com a terceira dimensão. Daí a necessidade de animalizar, a fim de preencher o intervalo e passar para o espaço tridimensional; tal necessidade biológica aciona então a imaginação motora, que fabrica imagens da motricidade dos animais.

Se entendemos bem, a imaginação motora passa a ter uma dupla função: reproduzir as imagens do movimento animal no espaço e produzir, através dessa mesma reprodução, as imagens de um sonho biológico do homem. Ora, como a reprodução da forma do movimento animal pode nos dar a força desse movimento? Parece que isso só seria possível se postularmos uma identidade absoluta entre uma força em movimento e sua representação espacial. Mas, se o fizermos, a metamorfose ducassiana deixa de ser metamorfose, isto é, a força de um movimento que opera a mutação das formas, para tornar-se uma metáfora, isto

16 Ibid., pp. 51-2. (grifo do autor).

é, a forma representativa de uma força que, ausentando-se, legou-nos o seu emblema. E é, efetivamente, o que acontece em Bachelard. Pois, do ponto de vista da fenomenologia dinâmica, a metamorfose ducassiana é uma metáfora onírica que expressa uma necessidade vital inatingível, que expressa, no espaço bidimensional humano, a sublimação do desejo de um espaço animal, instintivo, tridimensional.

Compreende-se então o entusiasmo de Bachelard por Lautréamont. Ele seria aquele que colhe a poesia na fonte, que nos revela os mistérios do sonho biológico do homem, que nos permite surpreender a um só tempo a imaginação motora como natural, e o seu produto, o rabo de peixe voador, como um pesadelo da natureza. Nesse sentido, Bachelard poderá dizer que Lautréamont é um poeta primitivo. Quer dizer: um poeta da sublimação do instinto.

o

Em que consiste precisamente "o primitivismo poético"? Para torná-lo nítido, Bachelard lança mão de uma curiosa formulação matemática: o "primitivismo poético" ou "poesia projetiva" está para a poesia métrica assim como a geometria projetiva ou geometria primitiva está para a geometria métrica.

> O paralelismo é total. O teorema fundamental da geometria projetiva é o seguinte: quais são os elementos de uma forma geométrica que podem ser deformados impunemente numa projeção deixando subsistir uma coerência geométrica? O teorema fundamental da *poesia projetiva* é o seguinte: *quais são os elementos de uma forma poética que podem ser impunemente deformados por uma metáfora*

deixando subsistir uma coerência poética? Em outras palavras, quais são os limites da causalidade formal?[17]

É incrível como o movimento do pensamento de Bachelard desenrola-se com uma necessidade de ferro. O fenomenólogo começara rejeitando a poesia visual das formas e cores em favor de uma poesia dinâmica, da excitação, do impulso muscular; começara descartando a metáfora em favor da metamorfose; começara desdenhando as formas em favor das forças; começara afastando as imagens em favor do movimento e do tempo desse movimento; começara repudiando a contemplação das imagens da poesia em favor de uma vivência intensa de sua força indutiva; começara expulsando o leitor passivo em favor de um leitor ativo. Mas pouco a pouco a relação de forças foi se invertendo e os primeiros termos passaram da defensiva à ofensiva; pouco a pouco a vivência dos *Cantos de Maldoror* foi se firmando como visão de um espetáculo cinematográfico – e o que poderia ter sido o tempo de uma afecção tornou-se o espaço de uma projeção; e o que poderia ter sido uma experiência metafísica tornou-se um problema de matemática.

> Quando se meditou sobre a liberdade das metáforas e sobre seus limites, continua Bachelard, percebe-se que determinadas imagens poéticas *se projetam* umas sobre as outras com segurança e exatidão, o que significa dizer que em *poesia projetiva* elas são uma só e mesma imagem. Estudando a psicanálise do fogo, nós percebemos, por exemplo, que todas as "imagens" do fogo interno, do fogo oculto, do fogo que mina sob as cinzas, em suma, do fogo

17 Ibid., p. 54 (grifo do autor).

que não vemos e que, consequentemente, exige metáforas, são "imagens" da vida. O lugar projetivo é então tão primitivo que traduzimos sem dificuldade, certos de que seremos compreendidos por todos, as imagens da vida nas imagens do fogo e vice-versa.[18]

Tudo se passa entre imagens manifestas e imagens latentes, entre imagens que representam e imagens que se fazem representar, entre as metáforas e as "imagens" da vida que são o referente das primeiras; tudo se resume numa projeção, em que as imagens se sobrepõem umas às outras. Uma poesia da imaginação motora nos dará então, em vez da metáfora consolidada, a trajetória entre a imagem latente e a imagem manifesta, o desenho do movimento de sobreposição de imagens, o desenho de uma projeção. A metamorfose é tal trajetória, a metamorfose é uma imagem cinética, a imagem da deformação das imagens; e é o estudo dessa deformação que dará a medida da imaginação poética, estudo que Bachelard fará manipulando a velocidade da projeção desse "cinema acelerado", ora precipitando-a, ora desacelerando, para desencarnar as imagens, suavizar os gestos, e captar, assim, sua função e intenção.

O

Querer-viver = querer-atacar, enuncia a equação bachelardiana. Mas em *Maldoror* não são só os animais que atacam, há também as ações humanas. Quais seriam o tempo e o movimento dessas ações? Ao bestiário lautréamontiano vem se somar a análise da violência humana e suas raízes

---

18 Ibid., pp. 54-5 (grifo do autor).

socioculturais. Após o exame do princípio psicológico instintivo que anima a vontade de potência do poeta, é chegada a hora de destacar o seu princípio psicológico intelectualizado.

Há ações humanas nos *Cantos*. Mas tais ações não são tão surpreendentes quanto as animais, enquadram-se nos moldes tradicionais da psicologia da crueldade e da rebelião. São atos de vingança jamais endereçados a um igual, atos criminosos contra as crianças, e sacrílegos contra Deus: "sufoca-se o fraco; unha-se o poderoso". Tal polaridade de vingança, prossegue Bachelard, é específica de um ressentimento de adolescente e poderia ser a tradução metáforica de: "espanca-se um colega; zomba-se de um professor".[19]

Como definir a ação criminosa contra a criança?

Enquanto a violência animal se efetuava sem demora, franca em seu crime, a violência contra a criança vai ser refinadamente hipócrita. Lautréamont vai integrar a mentira na violência. A mentira é o signo humano por excelência. Todas as páginas onde intervém o crime contra a criança assumem então uma dupla duração. Nelas o tempo se divide em tempo agido e tempo pensado, e esses dois tempos não têm a mesma contextura, os mesmos princípios de encadeamento, a mesma causalidade. Ao preparar o crime contra a criança com todos os cuidados técnicos, Lautréamont dá uma impressão de *tempo suspenso*, de tal modo que, em pouquíssimas páginas, mas páginas fundamentais, soube fornecer a essência temporal da ameaça, da agressão adiada.[20]

19 Ibid., p. 61.
20 Ibid., p. 68.

Mas em Lautréamont o crime contra a criança seria apenas um pretexto para a passagem da maldade física à crueldade moral; onde a violência humana, a violência refletida, intelectualizada, configura-se efetivamente é na ação sacrílega contra o Criador, no ato de *dizer* a revolta e de dizê-la ao Senhor. É preciso dizer a revolta porque dizer é uma reação transformadora, dizer é opor à violência da ação do Criador a sua própria violência e compensá-la.

> Através da violência, a criatura criaturada vai tornar-se criaturante. Daí as metamorfoses pretendidas, e não passivas, onde se encontra num sistema literário a exata reação das ações da criação. As reações metamorfoseadoras são violentas porque a *criação é uma violência*. O sofrimento sentido só pode ser apagado pelo sofrimento projetado. As dores do parto são compensadas pela crueldade da concepção. A consciência que se nutre de remorso, de um passado, de um antepassado, que se personaliza num pai, num professor, num Deus, será invertida, seguindo a lição de Lautréamont, para tornar-se a certeza de uma força, a vontade de um porvir, a luz segura de uma pessoa ébria de projetos.[21]

Vai assim completando-se a análise do "frenesi" que agita e aciona a imaginação motora de Lautréamont-Ducasse; esta projeta, por um lado, as imagens primitivas de um sonho biológico, e, por outro, as imagens reativas de uma personalidade neurótica, ressentida, que se vinga literariamente de seu professor de retórica, que sai traumatizada das aulas de matemática, a personalidade do ginasiano revoltado que leva uma vida plácida mas projeta os seus

---

21 Ibid., p. 72 (grifo do autor).

complexos quando escreve um drama da cultura, quando denuncia o sistema de ensino do seu tempo.

Claro que esse segundo aspecto do frenesi ducassiano é muito menos interessante do que o primeiro; hoje ele faz sorrir de piedade os iniciados que recusam o livro de Bachelard sob o pretexto de que sua análise é ingênua e está superada pela "evolução" da psicanálise nos séculos xx e xxi. No entanto, a questão que atravessa o texto de Bachelard é muito mais decisiva, muito mais urgente que os escritos linguístico-psicanalíticos de um Marcelin Pleynet, de um Philippe Sollers, de uma Julia Kristeva, de um Raymond Jean, sobre os *Cantos* e as *Poesias*. Nestes não há nada que se compare, em termos de acuidade e relevância, às formulações de Bachelard sobre a poesia dinâmica, sobre o tempo e o movimento do gesto em Ducasse, sobre a animalidade densa que essa poesia presentifica, sobre a relação entre energia e linguagem poética. Mas não é possível acolher essas formulações, que concernem a vertente animal do frenesi ducassiano, e negligenciar a vertente sociocultural, pois ambas são necessárias ao desenvolvimento do pensamento de Bachelard.

O

A imaginação motora de Lautréamont projeta portanto imagens primitivas de um sonho biológico e imagens reativas de uma personalidade neurótica. Mas, como não são imagens visuais, mas cinéticas, o que conta é o seu movimento. Ora, se considerarmos unicamente o movimento do frenesi ducassiano, veremos que ele é uma energia se consumando como ação animal e instintiva e como ação humana e refletida, como agressão imediata e agressão calculada. Enquanto gesto instintivo essa energia é "lirismo muscular"; e, enquanto ação humana, é "loucura escrita". E, se os *Cantos de Maldoror* são uma obra única, é porque eles nos permitem descobrir a energia atuando nos dois níveis, a existência do lirismo muscular pulsando sob a loucura escrita, mas principalmente a conversão da própria energia quando a ação animal sublima-se numa ação humana, numa loucura escrita que terá efeitos liberadores.

O que vem a ser precisamente esse "lirismo muscular"? O que é a energia se consumando no primeiro nível? Bachelard escreve:

> Na verdade, quando a consciência orgânica se precisa em Lautréamont, é sempre a consciência de uma força. Ali o órgão não é designado numa perturbação, numa dor, numa preguiça, numa fobia, num temor que embotaria a vida psicológica. Ao contrário, parece que em Lautréamont a endoscopia é sempre um pretexto para uma produção de energia confiante em si mesma. Tal endoscopia esclarece a consciência do músculo mais dinamizado. Então ressoa, como a corda de uma lira viva, um elemento do lirismo muscular. A harmonia se completa por si mesma: a consciência muscular particular arrasta, por sinergia, o corpo inteiro. Um epicurismo ativo que enviasse o reflexo de seu júbilo geral para os diversos orgãos, exigindo que a consciência da saúde se prenda cuidadosamente às diferentes funções, seria fisicamente dinamogênico. Ele desenvolveria esse orgulho anatômico tão raramente expresso, mas que não deixa de ser a *história natural* do pensamento inconsciente. É essa dinamogenia precisa, detalhada, analítica, que Lautréamont realiza.[22]

---

22 Ibid., p. 81. (grifo do autor).

O fragmento é da maior importância. Uma energia movimenta um órgão, fá-lo executar uma ação; tal movimento é pura afirmação da energia, para a qual não cabe nenhuma qualificação. Há uma força em exercício. Mas há também o reconhecimento dessa força. Este se dá quando Lautréamont pratica uma endoscopia que favorece uma consciência específica – consciência do músculo dinamizado –, cujo papel consiste em refletir para a força o seu próprio exercício, a sua própria afirmação. Ressoa então a fibra do lirismo muscular; e a consciência muscular particular vai arrastar, por sinergia, o corpo inteiro.

Tudo se passa, portanto, entre a energia e a consciência muscular. Ora, por que a energia que executa um movimento de pura afirmação precisa de uma consciência que a reflita? E por que é a consciência muscular, e não o movimento da própria energia, que, por sinergia, arrasta o corpo inteiro?

Consideremos primeiro que "loucura escrita" é, para Bachelard, sublimação dos impulsos, é cristalização objetiva, é o homem cristalizando-se progressivamente em livro, é "uma loucura sem loucuras, um sistema de energia violenta que rompe o real para viver, inescrupulosa e despudoradamente, uma realização", é uma descarga imensa que libera Lautréamont de seus fantasmas. Talvez então não seja absurdo dizer: a energia que executa um movimento de pura afirmação não precisa de uma consciência muscular que a reflita; quem precisaria dessa reflexão é a endoscopia, para converter a força brutal e bruta em "loucura escrita". A consciência muscular torna-se, assim, uma espécie de espelho que, ao refletir para a energia o seu próprio exercício, a sua própria afirmação, apodera-se do exercício e da afirmação e, aprisionando-os, faz da força, força de expressão.

Há, assim, uma instrumentalização da energia. É preciso atentar para a necessidade imperiosa dessa instrumentalização, pois ela indica, em Bachelard, a suposição de que existe uma esfera mais fundamental que a da vida – a esfera do pensamento –, de que existe algo mais poderoso do que a força instintiva – a razão. E o tema da oposição entre vida e pensamento, e da subordinação da primeira pelo segundo, irrompe violentamente no texto de Bachelard quando este, após analisar a aparição fogosa do gesto animal, detém-se na aparição da estranha doçura da razão. Tudo se ata no comentário dedicado à ode que Lautréamont escreve à matemática:

> Nela sente-se a doce e poética expansão de um coração de certo modo não euclidiano, inebriado de um não amor, inteiramente voltado para o júbilo de recusar, o júbilo de viver abstratamente a não vida, de afastar-se das obrigações do desejo, de quebrar o paralelismo da vontade com a felicidade [...]. Assim, de um só golpe, o leitor foi transportado para os antípodas da vida ativa e sensível.[23]

Lendo a ode à matemática, Bachelard descobre que Lautréamont-Ducasse execra a vida, mas tem adoração pelo pensamento; descobre ainda que a obra comporta duas concepções do Todo-Poderoso: há o Todo-Poderoso criador de vida, contra o qual desencadeia-se a revolta; há o Todo-Poderoso criador de pensamento, que será cultuado junto com a geometria. Mas como pode o poeta da ação animal por excelência, o poeta da metamorfose, o poeta que enunciaria a equação querer viver = querer atacar, execrar a vida e adorar o pensamento?

---

23 Ibid., pp. 91-2.

Para Bachelard, não haveria incoerência e a questão não se coloca. Pois se Lautréamont for o poeta cuja imaginação motora, cujo lirismo muscular transforma a força em força de expressão, ele será capaz de canalizar a energia instintiva e instrumentalizá-la contra a vida, será capaz de negá-la criando *em pensamento* uma outra vida, uma vida "invivível", verdadeiro negativo fotográfico da primeira. E Bachelard diz com todas as letras que Lautréamont é esse poeta: "Existem almas para as quais a *expressão* é mais do que a vida, outra coisa além da vida". Éluard não havia dito que o poeta sempre *pensa* em outra coisa? Éluard não havia acrescentado: "À fórmula: sois o que sois, eles (Sade e Lautréamont) acrescentaram: podeis ser outra coisa"? Bachelard concluiu que se pode ser outro *em pensamento*.

o

Da força à força de expressão. Entre os dois, no intervalo, operando a passagem, o lirismo muscular de uma poesia primitiva. Que, vista a partir do impulso vital, designaria a transformação da vida que se afirma em vida que é negada pelo pensamento; mas que vista a partir da razão designa o ato positivo através do qual o pensamento cria um negativo da vida. Que, vista do lado de lá, colocaria o problema da instrumentalização da força; mas que, vista do lado de cá, coloca o problema das formas e de sua deformação. Problema que, evidentemente, suscita o teorema enunciado páginas antes: Quais são os limites da causalidade formal?

Nos capítulos v e vi de seu estudo, Bachelard vai demonstrar a solução do problema cuidadosamente formulado. Demonstração que é preciso acompanhar.

Nada é mais inimitável que uma poesia originária, que uma poesia primitiva. E também nada é mais primitivo que a poesia primitiva. Ela comanda uma vida; ela comanda a vida. Ao comunicar-se, ela cria. O poeta deve criar o seu leitor e não mais exprimir ideias comuns. Uma prosódia deve impor sua leitura e não mais regular fonemas, efusões, expressões. Por isso um filósofo que procura nos poemas a ação dos princípios metafísicos reconhece sem hesitar a *causa formal* sob a criação poética. Só a causa poética, misturando a beleza à forma, dá aos seres o vigor de seduzir. Mas que não se veja nisso um pancalismo simplista! O belo não é uma mera composição. Ele precisa de uma potência, de uma energia, de uma conquista. A própria estátua tem músculos. A causa formal é de ordem energética. Por isso mesmo encontra a sua plenitude na vida, na vida humana, na vida voluntária.[24]

Sob a criação poética, a causa formal que é de ordem energética, diz Bachelard. Como se dá então a criação poética? Primeiro é preciso produzir a beleza tomando da vida, da própria matéria, energias elementares que serão transformadas; e são energias transformadas, essa beleza produzida que, misturada à forma, provoca uma transfiguração, insufla nos seres o poder de seduzir. Há poesias que se vinculam mais à transformação; outras à transfiguração. A de Lautréamont pertence particularmente à transformação. Por quê? Porque a vida se agita energicamente nos músculos e nos órgãos de Ducasse, a vida os faz fremir, lhes imprime um ritmo nervoso bem diverso do ritmo linguístico; e, porque palpita, leva o poeta a viver em estado de metamorfose permanente – de metamorfose sensível.

24 Ibid., pp. 103-4. (grifo do autor).

Ora, tal frêmito também se imprime na consciência: "Em Lautréamont, observa Bachelard, a consciência de ter um corpo não permanece portanto uma consciência vaga, uma consciência adormecida num calor tranquilo; pelo contrário, ela se esclarece violentamente na certeza de ter um músculo, se projeta num gesto animal esquecido há muito pelos homens".[25]

Há então um querer-viver = querer-atacar. Que é dos músculos e dos órgãos num primeiro momento e, em seguida, da consciência muscular. Como querer-viver = querer-atacar dos músculos e órgãos ele é ação instintiva, é gesto animal, movimento da força pura; e enquanto tal também se produz na consciência muscular. Mas aqui, ao se exercer, a força executa um movimento peculiaríssimo: voltando-se sobre si mesma, ela dá vida à consciência do músculo, e, refletindo a si própria, ilumina violentamente a consciência do músculo. Esta, por sua vez, na certeza de que *tem* um músculo, projeta-se no movimento que, agitando-o, a gerou; e descobre sua força no gesto mais ofensivo; e escolhe o gesto ofensivo como o seu modo de se expressar. Agora querer-viver = querer-atacar também passa a ser o princípio da consciência muscular.

Como afirmar que se trata efetivamente do mesmo querer, se a força queria viver e atacar exercendo-se, e agora quer viver e atacar apenas se expressando? Bachelard acha que se trata do mesmo querer; mas, em seu texto, a consciência muscular goza de uma imensa vantagem – ela pode escolher satisfazer a vontade de agressão; e se Lautréamont seduz é porque faz essa escolha de modo incisivo. Ali, a consciência muscular manda, comanda e conserva a sua liberdade de decisão até em meio a

25 Ibid., pp. 106-7.

tempestades energéticas. Pois o poeta turbulento sabe "administrar a sua agressão".

Bachelard não vê objeção alguma nesse primado da consciência muscular. A volúpia de poder expressar a violência, a volúpia de poder escolher deliberadamente a criação de uma vida fundada na agressão não o deixa perceber o quanto a força foi emasculada ao reduzir-se a força de expressão. Basta atentar para dois dos principais fatores que dão consistência ao primitivismo poético: o frêmito muscular e o grito.

O que é o frêmito muscular? Do ponto de vista da poesia primitiva, uma energia elementar, força do orgulho ou do ódio, por exemplo, que encontra o seu sentido muscular não numa ação imperiosa, mas no *desenho* dessa ação; uma matéria-prima expressiva articulável por uma sintaxe muscular; um pré-texto para transformar o mundo literariamente.

> Assim, o menor dos músculos que abre uma narina ou endurece um olhar engaja uma vida e uma poesia especiais. [...] Em Lautréamont, o mundo não precisa incitar-nos ao ato. Empunhando a poesia, Maldoror aborda a realidade, apertando-a e amassando-a, transformando-a, animalizando-a. Ah, se ao menos a matéria pudesse ser uma carne triturável! "O furor dos secos metacarpos" impõe sua forma ao mundo brutalizado.[26]

Em que consiste o grito ducassiano? Algo originário que nega as leis físicas como o pecado original nega as leis morais, algo primário, algo que é a antítese da linguagem, literalmente *o cogito* sonoro e energético *em pessoa*: "O

---

26 Ibid., p. 109.

jogo linguístico cessa quando o grito retorna com suas potências iniciais, com sua raiva gratuita, claro como um *cogito* sonoro e energético: grito logo existo como energia. Então, uma vez mais, o grito está na garganta antes de estar na orelha. Ele não imita nada. Ele é pessoal: é a pessoa criada".[27] Se o frêmito muscular é matéria-prima expressiva articulável por uma sintaxe muscular, o grito é a razão que determina a articulação dessa sintaxe. Tudo se articula no corpo quando o grito, ele próprio inarticulado, mas maravilhosamente simples e único, *diz* a vitória da força. E Bachelard pode então concluir que, no universo ativo dos *Cantos de Maldoror*, nesse universo gritado, "a energia é uma estética".[28]

O

Quando a energia é uma estética, quando a poesia é primitiva, quando o que conta são as imagens cinéticas e não as imagens visuais, as forças e não as formas, quando a metamorfose é mais importante que a metáfora, quando a imaginação motora triunfa sobre a imaginação estática, não basta ler o poema, é preciso vivê-lo. Várias vezes ao longo do texto Bachelard repetiu a advertência: é preciso reviver a dinâmica dos gestos em sua sintaxe complexa, distinguir as diversas fases energéticas, fixar com precisão a hierarquia nervosa das expressões múltiplas; é preciso restituir a agitação específica de uma vida bem diferente da nossa, sincronizar nossos élans com os que percorrem *Maldoror*, partilhar da indução psíquica que eletriza os cantos; em suma, é preciso uma comunhão real. Ora, o

---

27 Ibid., p. 112.
28 Ibid., p. 115.

que é reviver, conjugar, reativar fibra por fibra o lirismo muscular, quando se é fenomenólogo dinâmico?

É pensar um dinamismo, o tempo e o movimento de uma vontade fundamental, próprios da equação querer viver = querer atacar. É isolar esse tempo e esse movimento na imaginação motora. É determinar a sua expressão no espaço, traçar a trajetória de uma linha que vai de um ponto a outro. *É extrair*, através de uma operação de abstração, *uma* verdadeira *linha de força* da imaginação.

Tal linha de força partiria de um polo realmente vital, profundamente inscrito na matéria animada – ela atravessaria um mundo de formas vivas *realizadas* em bestiários bem definidos, depois, uma zona de formas *tentadas* como sonhos experimentais, seguindo a formulação de Tristan Tzara, e finalmente desembocaria na consciência mais ou menos clara de uma liberdade quase anárquica de espiritualização. Ao longo de toda essa linha de força, devemos sentir a riqueza da matéria viva; de acordo com o estágio da metamorfose, é a vida surda que queima, é a vida precisa que ataca, é a vida sonhadora que brinca e que pensa.[29]

Portanto, para Bachelard, viver os *Cantos de Maldoror* é pensar a linha de força da imaginação motora; viver fenomenologicamente a poesia de Lautréamont nos ajuda a desenhar essa linha de força que *representa*, *exprime*, o esforço estético da vida.

Para traçar a linha, Bachelard escolhe partir da imaginação motora de Lautréamont. Sabemos o que significa essa escolha: como vimos, ela nos permite começar a partir de um ponto intermediário em que a vida já não

---

29 Ibid., pp. 142-3.

queima e ainda não sonha, mas ataca, esse ponto nevrálgico que projeta dois tipos de imagens: numa direção, imagens da agressão animal, imediata e instintiva, imagens latentes, imagens da vida; e, em outra, imagens da agressão humana, refletida e calculada, imagens manifestas, imagens metafóricas.

No polo biológico, polo das imagens da vida, Bachelard vê, com Roger Caillois, que, em todo ser vivo, o princípio de uma causalidade formal fortemente dinâmica solidifica-se numa trajetória. Mais ainda, com Caillois, Bachelard vê que, se confrontamos a trajetória formal de um homem com a de um animal, poderemos constatar uma correspondência *ponto por ponto* entre elas – pois o fio invisível que liga os atos do inseto numa conduta é da mesma natureza que o que liga as crenças do homem numa mitologia. E o fio é comum porque, tanto na conduta animal quanto na mitologia humana, é o apetite das formas. Se há correspondência entre as trajetórias formais do homem e do animal, é porque ambas exprimem o movimento de devoradores de formas.

Por que Bachelard vai buscar em Caillois as noções de conduta animal e de mito humano? Tudo indica que o fenomenólogo recorre a elas para opô-las à concepção do movimento da intuição e da inteligência desenvolvida por Bergson:

> Tal igualdade da conduta animal com o mito humano tem uma função inteiramente diversa do paralelismo bergsoniano, já clássico, entre o instinto e a inteligência. Com efeito, instinto e inteligência trabalham sob o impulso da necessidade exterior, enquanto as condutas e os mitos podem aparecer como destinos mais íntimos. Então, o ser age *contra* a realidade e não mais igualando-se à realidade,

as condutas agressivas e os mitos cruéis são, ambos, funções de ataque, princípios dinamizadores. Eles aguçam o ser. Não se trata de um mero *savoir-faire*: seja como conduta, seja como mito, é preciso *vouloir-faire*, é preciso a energia de fazer. Então, devorar tem a primazia sobre assimilar; ou melhor, só se assimila bem o que se devora.[30]

Não há dúvida. É contra Bergson que Bachelard invoca Lautréamont e o lirismo muscular. Bergson é o filósofo do tempo e do movimento, é o filósofo que libera o movimento das leis da mecânica, eleva o movimento para além da física, funda uma verdadeira metafísica, é o filósofo para quem a força é e será sempre força vital em movimento, até quando, através da linguagem, surge espacializada como força de expressão. Homem de ciência, físico, filósofo kantiano, fenomenólogo dinâmico, Bachelard não pode suportar o estatuto que Bergson confere à intuição, à inteligência, à afecção, à imagem, não pode suportar a demonstração bergsoniana de que o que chamamos ação não passa de uma reação, não pode suportar o convite para que entremos no tempo e no movimento em vez de tentarmos medi-lo de fora, para que comunguemos com o real em vez de agredi-lo. Bachelard quer a qualquer preço que o ser vivo comece a partir de uma interioridade independente do mundo exterior, quer que tudo se desencadeie com um movimento abstrato, quer que a vida comece com um ato gratuito de agressão contra o mundo, seja esse ato instintivo ou inteligente, quer que a força seja uma intenção soberana que toma forma num instante inaugural, fora do tempo da vida ordinária. Bachelard precisa que o ato de agressão seja primeiro

---

30 Ibid., p. 145 (grifo do autor).

– sua necessidade é crucial; só assim pode afirmar como primordiais as relações entre a vontade e a imaginação. Pois se o ato que inaugura a relação com a realidade não for um ato de agressão, um ato *contra*, então só poderia ser um ato de defesa, *contra* também, mas agora contra o golpe que viria primeiro do mundo exterior. É que para Bachelard a afecção só pode ser uma agressão: ou agredimos ou somos agredidos, ou a força afeta ou é afetada; no primeiro caso se afirma, no segundo é negada. Bachelard não pode conceber que a afecção é outra coisa, é afirmação de um contato contínuo e indissolúvel que revoga precisamente a bipolaridade ser vivo-realidade exterior, que torna até mesmo sem sentido a noção de relação bipolar. Bachelard precisa que a afirmação se dê como ato descontínuo, fora da duração, num instante, precisa que a afirmação seja a força de uma interioridade que se põe em movimento para afetar, e que só quer afetar, sempre, cada vez mais.

No polo biológico, polo das imagens da vida, Bachelard vê desenhado, como ato puro e poetizante por excelência, o ato de agressão. O fenomenólogo examina o desenho e pergunta o que o ato quer. A resposta só pode ser – o ato quer que a força que lhe é inerente, a energia que o põe em movimento, lhe dê a certeza de que está afetando e não sendo afetada; e que exprima essa certeza na forma como o movimento vai tomando forma, vale dizer: que a exprima afirmando a supremacia da causalidade formal.

Obtida a resposta, Bachelard abandona o polo biológico, retoma a linha de força, volta ao ponto intermediário, à imaginação motora de Lautréamont. E constata que o dinamismo ducassiano só cumpre até certo ponto as exigências do polo biológico, que o desenho do movimento vital acusa, em *Maldoror*, uma certa deficiência; ali, nem a conduta animal nem o mito humano atingem a plena realização:

> Com efeito, com Lautréamont a poesia se instala francamente num dinamismo claro, como uma necessidade de atos, como uma vontade de aproveitar de todas as formas vivas para caracterizar poeticamente a ação dessas formas, sua causalidade formal. Mas as *condutas* ducassianas são mais *lançadas* do que *seguidas*; portanto acabam perdendo a agilidade das condutas reais, bem como a ternura das condutas poéticas. Elas são tão precipitadas, tão retas, que não podem receber todas as finas solicitações que o mito poético consegue integrar à conduta animal que lhe serve de base. Fica claro, então, por que a poesia ducassiana, cheia de uma força nervosa superabundante, porta uma marca decididamente inumana e por que não nos permite fazer a síntese harmoniosa das forças obscuras e das forças disciplinadas de nosso ser.[31]

o

No polo biológico, polo das imagens vitais, Bachelard identificara, como linha de força da imaginação motora, a trajetória expressa por ações agressivas descontínuas, a trajetória expressa por pontos-instantes em que a força toma forma riscando o espaço. Fora essa trajetória que lhe permitira designar como motor o princípio da causalidade formal. Bachelard volta-se agora para o outro polo da imaginação motora, o polo das imagens do pensamento. Como identificar aí a linha da força? Através do exame do que acontece no intervalo entre uma forma e outra, do

---

31 Ibid., pp. 147-8 (grifo do autor).

que está em jogo quando uma forma se transforma em outra – não no tempo, evidentemente, mas no espaço. Em resumo, através da metamorfose que a trajetória de uma forma expressaria.

Antes de mais nada é preciso convir que, vista deste polo, a poesia de Lautréamont, inumana demais, parece estar excessivamente presa ao polo biológico. Vista daqui, a trajetória das formas parece expressar de modo cansativo uma metamorfose animal, a imaginação motora parece esgotar seus atos agressivos em imitações de animais – em suma: Ducasse parece romper arbitrariamente as condutas, mas repetindo sempre a mesma conduta, acreditando sempre no mesmo mito, tornando-se um escravo de seu monótono querer atacar. E o lirismo muscular, que até então surgia como a mais alta qualidade da poesia, começa a transformar-se num defeito, sob os olhos de Bachelard.

A imaginação motora de Ducasse está presa. O que ocorreria se se libertasse? Com Armand Petitjean, Bachelard responde: em vez de imitar, criaria; em vez de repetir o passado biológico, passaria a produzir, já, o futuro, isto é, passaria a prever, a antecipar as formas do que virá, a fazer o balanço energético do que virá de fora para distinguir o que resiste e o que vai ceder, a aprender a colher a forma acabada para devorá-la. Liberta do passado biológico, a imaginação motora passaria à ofensiva.

Quando então uma forma se transforma em outra? Vista do polo das imagens do pensamento, quando a imaginação, alerta, viva, devora as formas que vêm de fora. A equação querer viver = querer atacar continua válida; mas passou do polo da vida para o polo do pensamento. E como a agressão humana é crueldade intelectualizada, é violência refletida que se fez em dois tempos e não no instante, como a agressão animal, aqui, no polo do pensamento, a gratuidade dos atos é finamente administrada, a liberdade de atacar é coordenada.

Ora, se há dois tempos – tempo de ação e tempo de reflexão – no polo das imagens do pensamento, não pode haver cinetismo puro, como ocorria no polo biológico. Como já vimos, enquanto tempo da ação, o pensamento que imagina é força tomando forma, é supremacia da causalidade formal; mas enquanto tempo da reflexão, tempo suspenso, o pensamento tem de ser algo a mais, tem de ser o controle, o domínio que se exerce sobre a causalidade formal. O pensamento é a ação que visa e ataca o próprio movimento da causalidade formal para projetá-lo no futuro. Agora não é mais o ato puro que é poetizante, mas sim a imaginação abrindo-se para a pura projeção, integrando-se à paixão de projetar:

> Chegamos assim a uma *poesia do projeto* que realmente abre a imaginação. O passado, o real, o próprio sonho nos davam apenas a imaginação fechada, pois só têm à sua disposição uma coleção determinada de imagens. Com a imaginação aberta surge uma espécie de *mito da esperança* que é simétrico ao *mito da lembrança*. [...] O *projeto*, em outras palavras a esperança formal, que visa uma forma por ela-mesma, é bem diferente do projeto que visa uma forma como o signo de uma realidade desejada, de uma realidade condensada numa matéria. As formas não são signos, são as verdadeiras realidades. A *imaginação pura* designa suas formas projetadas como a essência da realização que lhe convém. Ela naturalmente goza por imaginar, portanto por mudar de formas. A metamorfose torna-se assim a função específica da imaginação. A imaginação só compreende uma força se a transforma, se dinamiza o devir desta, se a capta como um corte no

fluxo da causalidade formal exatamente como um físico só compreende um fenômeno quando o capta como um corte no fluxo da causalidade eficiente.[32]

Bachelard não poderia dizer melhor: a metamorfose torna-se, assim, a função específica da imaginação. Imaginar é projetar a mudança das formas, é matar o tempo numa operação que consiste em seccionar um segmento do movimento vital congelado no fluxo da causalidade formal e em seguida dinamizá-lo artificialmente, abstratamente. Se as formas são a realidade verdadeira, imaginar é deformar as formas em busca da forma ideal.

No polo das imagens do pensamento, Bachelard acaba de traçar a linha de força da imaginação. E vê que, no desenho, a imaginação motora realiza, como ato puro e poetizante por excelência, a projeção da agressão. O fenomenólogo examina o desenho e pergunta o que a projeção quer. A resposta só pode ser – a projeção quer ser a forma ideal de fazer a energia vital converter-se em pensamento de agressão; e quer ser essa forma *em movimento*, quer ser o movimento realizador de uma intenção que era pura potência de agressão latente no tempo suspenso, quer ser a encarnação que consagra a supremacia da intenção sobre a causalidade formal. Acionando a imaginação motora, projetando, a intenção dá forma ao movimento que dá forma.

Compreende-se, então, por que a poesia de Lautréamont é limitada, por que suas metamorfoses brutais e fogosas "não resolveram o problema central da poesia".[33] O poeta é primitivo demais, neurótico demais. Como sua intenção é incapaz de controlar a imaginação motora,

32 Ibid., pp. 152-3 (grifo do autor).
33 Ibid., p. 153.

resulta uma projeção precipitada, um cinema acelerado, um movimento tão desenfreado que a causalidade formal não tem tempo sequer de fazer o seu trabalho, de digerir as imagens vitais que devora; em sua ânsia de realizar a intenção agressiva, a imaginação motora vai projetando as imagens biológicas nuas e cruas sendo devoradas pela causalidade formal, sendo deformadas pela metamorfose. Compreende-se então por que Bachelard começara o seu livro afirmando que Lautreamont é um grande devorador do tempo. Compreende-se enfim por que o lirismo muscular deve ser superado por uma espécie de não lautréamontismo que o generalizaria, assim como o não euclidianismo generaliza a geometria euclidiana.

Segundo Bachelard, Lautréamont abriu uma via, mostrou que a força da poesia reside na potência da metamorfose; vale dizer: no movimento vital da transformação. Mas "em nosso entender é preciso agora aproveitar da vida devolvida às potências de metamorfose para aceder a uma espécie de *não-lautréamontismo* que deve, em todos os sentidos, extravazar os *Cantos de Maldoror*".[34]

Superar Lautréamont é tirar proveito de sua descoberta para aceder ao não lautréamontismo. Em que consiste a operação proposta por Bachelard, senão na humanização do lirismo muscular, na desanimalização da poesia, na vitória da sublimação?

> É numa reintegração do humano na vida ardente que vemos a primeira *démarche* desse não lautréamontismo. A questão que precisa ser colocada é portanto a seguinte: como provocar metamorfoses realmente humanas, realmente anagenéticas, realmente *abertas*? A via do esforço

---

34 Ibid., p. 154 (grifo do autor).

humano direto é apenas um pobre prolongamento do esforço animal. É no *sonho de ação* que se encontram as alegrias realmente humanas da ação. Fazer agir sem agir, trocar o tempo ligado pelo tempo livre, o tempo da execução pelo tempo da decisão, o tempo pesadamente contínuo das funções pelo tempo resplandecente de instantes dos projetos.[35]

Bachelard vai assim explicitando o que deseja e o levou a aproximar-se de Lautréamont. Em *Maldoror*, o fenomenólogo crê encontrar o princípio vital da poesia e o princípio poético da vida; e ali vai tentar ouvir a vida e a poesia, não para vivê-las, mas para pensá-las. É que, no fundo, afetado por Bergson, Bachelard precisa urgentemente *pensar contra* a sua filosofia. E se para Bergson o pensamento deve querer a vida, para Bachelard a vida deve querer o pensamento, e se Bergson procura desenvolver a intuição na inteligência, Bachelard procura desenvolver a inteligência na intuição; e se Bergson nos convida a entrar no tempo e no movimento da vida, tempo e movimento que são permanente transformação, Bachelard nos convida a trocá-los pelo tempo suspenso da reflexão, pelo movimento da projeção. Lá onde o espírito de Bergson está livre para entregar-se à metamorfose das imagens que o afetam, inclusive a sua própria, o espírito de Bachelard está livre para resistir às primeiras imagens metafóricas que vêm afetá-lo e romper com a vida.

Então o espírito está livre para a *metáfora da metáfora*. É a esse conceito que chegamos em nosso livro recente (sobre a *Psicanálise do fogo*). A longa meditação da obra de Lautréamont só foi empreendida por nós com vistas

---

35 Ibid. (grifo do autor).

a uma *psicanálise da vida*. No fundo, resistir às imagens do fogo é o mesmo que resistir às imagens da vida. Uma doutrina que resiste às imagens primeiras, às imagens já feitas, às imagens já ensinadas, deve resistir às primeiras metáforas.

Ela precisa então escolher: é preciso queimar com o fogo, é preciso romper com a vida ou continuar a vida? Para nós, a escolha foi feita: o pensamento e a poesia novos exigem uma ruptura e uma conversão. A vida deve querer o pensamento.

Nenhum valor é especificamente humano se não for o resultado de uma renúncia e de uma conversão. Um valor especificamente humano é sempre um valor natural *convertido*. O lautréamontismo resultado de uma primeira dinamização nos parece então como um valor a ser convertido, como uma força de expansão a ser transformada. No lautréamontismo, é preciso enxertar valores intelectuais. Tais valores dele receberão mordacidade, audácia, prodigalidade, em suma, tudo o que ó preciso para nos fornecer uma boa consciência, a alegria de abstrair, o júbilo de ser homem.[36]

TERCEIRA APROXIMAÇÃO

O livro de Bachelard é precioso para quem é afetado pelo movimento que faz vibrar a poesia de Lautréamont, pois explora completamente a possibilidade de considerar esse movimento como movimento psicofísico, vale dizer, como movimento energético que pode e deve ser elucidado no correr de uma experiência cujos parâmetros

---

36 Ibid., pp. 155-8. (grifo do autor).

são estabelecidos pela ciência moderna, pela filosofia kantiana e pela psicanálise. Ora, como vimos, em tal experiência o movimento é apreendido de fora, avaliado no espaço e isolado no tempo. Impõe-se então a pergunta: o que seria o movimento que faz vibrar a poesia de Lautréamont se o considerássemos dentro do tempo, dentro da duração? E teria já havido alguém que tivesse tentado captá-lo assim?

Entre todos os comentadores da obra de Lautréamont-Ducasse que foi possível ler, há um que tem essa ambição: é Maurice Blanchot, o autor de "Lautréamont ou l'espérance d'une tête",[37] "De Lautréamont à Miller",[38] mas principalmente do estudo "L'expérience de Lautréamont".[39] E é neste texto que encontraremos uma nova formulação do movimento, agora não mais apreendido como movimento psicofísico, mas como movimento mental, movimento das relações entre a consciência e o inconsciente.

Tentemos ver mais de perto como procede Blanchot. E, embora aparentemente sua leitura nada deva ao livro de Bachelard, tentemos partir daí – de como Blanchot constrói a sua percepção do movimento em Lautréamont diferenciando-a da percepção de Bachelard.

Em *Lautréamont et Sade*, Blanchot começa seu estudo detendo-se longamente sobre os métodos empregados pelos comentadores e assinalando os limites com que se choca necessariamente a análise, limites que o próprio movimento da análise implica e que podem ser

[37] Prefácio de Maurice Blanchot à edição do Club Français du Livre. In: Lautréamont, *Oeuvres complètes*, 1984, pp. 107-20.
[38] Maurice Blanchot, *La part du feu*.
[39] Id., *Lautréamont et Sade*.

resumidos na seguinte afirmação: partindo de um ponto de vista exterior, a análise deve abarcar a obra inteira para comprovar esse ponto de vista; e, para abarcá-la, é preciso separá-la dela própria, reduzi-la, fixar o seu sentido ou os seus sentidos; em suma: é preciso isolá-la de seu próprio movimento.

Blanchot começa portanto o seu texto fazendo uma crítica aos comentadores e sua análise. E, para reforçar o que diz, elabora ele próprio a análise de um tema constante nos *Cantos de Maldoror*. Como por acaso, a escolha recai sobre o tema preferido de Bachelard, o da crueldade. Rapidamente, porém, verifica-se que o tema não pode ao mesmo tempo conservar a sua riqueza e ambiguidade e ser extraído da obra – é que esta tem uma ordem.

E, no entanto, resta o mais grave. Enganando-se por causa de suas divisões arbitrárias, mas recuperando tais "divisões" ao "multiplicá-las", a análise se enterra em sua tara essencial. Quando quer compensar seus limites precisa estender-se em todas as direções, mas para percorrer a obra em todas as direções precisa ignorar o que a torna uma progressão criadora, o movimento irreversível de uma ordem em devir: que existe na obra uma afirmação que se destaca pouco a pouco, que essa *démarche* é livre, e não errante como o capricho da loucura, e aspira a uma finalidade que ela suscita, desvela para si e para os outros, e só pode ser "compreendida" em relação com o movimento do tempo – tudo isso a análise deve necessariamente desconhecer, principalmente se quiser ser a mais exata possível, isto é, exaustiva; pois, querendo apanhar o livro em todas as suas direções, ela precisa tratá-lo como uma extensão homogênea, imóvel, como uma coisa que já foi sempre pronta, cuja significação, buscada independentemente do sentido de seu movimento, ignora sobretudo o movimento pelo qual ela se fez. Dificuldade maior, que conduz a abusos de todo tipo.

E Blanchot descarta então, num mesmo gesto, a análise que fizera páginas antes sobre o tema da crueldade ducassiana, bem como a análise do fenomenólogo dinâmico:

> Do mesmo modo, G. Bachelard estabelece um notável bestiário de Lautréamont, mas tal bestiário propõe seus resultados no céu intemporal da análise, e cada imagem, apreciada e pesada por si mesma, com escrúpulo e atenção infinitos, é tomada em qualquer parte do livro, sobre o qual a imagem nos esclarece através da comparação metódica com todas as outras e na mais perfeita indiferença pelo movimento em que ela entra em composição nesse conjunto único que se chama *Maldoror*.[40]

○

Com Blanchot não ficaríamos mais de fora, Blanchot nos promete o movimento que faz vibrar a poesia de Lautréamont; e nos promete o movimento porque nos promete captar o tempo. Isso é dito explicitamente, assim que foi descartada a perspectiva analítica de Bachelard. Se os *Cantos* são um "work in progress", é preciso levar em conta a duração desse trabalho bem como o movimento da criação, é preciso atentar para o "sentido" da obra porque este faz parte do seu "sentido", de sua significação. E Blanchot escreve: "é muito importante, para quem quer atingir o 'sentido' de tal livro, confiar-se

---

40 Ibid., pp. 82-3.

ao seu desenrolar, ao seu 'sentido' temporal. *Uma obra se faz com o tempo*: essa certeza, ao menos, permanence".[41]

Há ao menos uma certeza. Que imediatamente desdobra-se numa pergunta: se uma obra se faz com o tempo, com que tempo? Blanchot é sensível a ela, pois a registra ao pé da página. E como encontrar o tempo da poesia de Lautréamont? Mais do que espinhosas, tais questões são extremamente perturbadoras, pois Blanchot ainda não começou a levar em conta o tempo e o movimento da poesia ducassiana e vai endossar o que denuncia.

Vejamos do que se trata, vejamos que tempo é esse que Blanchot crê encontrar ao longo de sua leitura de Maldoror mas que, ao que parece, já pode ser encontrado antes mesmo que ele leve a cabo o seu empreendimento efetuando-se em cada canto e passando de um canto a outro. Mais ainda: que já pode ser encontrado... em Bachelard!

O que chama a atenção, aqui, é o comentário do fenomenólogo a respeito do contraste entre a metamorfose em Ducasse e a metamorfose em Kafka. De um lado, observa Bachelard, o querer viver que se exalta, o tempo da aceleração vital, a impetuosidade, o frenesi, a ação agressiva; de outro, o querer viver que se esgota, a lentidão de um tempo que morre, a paralisia, a miséria da inação; de um lado, uma vontade enérgica, imperiosa; de outro, uma vontade morrendo em catatonia progressiva; de um lado, os órgãos palpitando de força e impaciência; de outro, o tédio dos orgãos, a preguiça orgânica. "Em nossa opinião, nota Bachelard, Kafka sofre de um *complexo de Lautréamont* negativo, noturno, negro";[42] "parece que as metamorfoses de Kafka existem sob o signo ruim.

---

41 Ibid., p. 84.
42 Gaston Bachelard, op. cit., p. 17 (grifo do autor).

Elas explicam melhor, por antítese, a dinamogenia que um leitor avisado recebe na leitura dos *Cantos de Maldoror*".[43]

Não cabe aqui considerar se tal observação a respeito da metamorfose em Kafka é ou não procedente, e em que termos. Interessa porém ressaltar que tudo se passa como se Bachelard só concebesse a metamorfose no curso de um tempo em que a energia vital se expande ou de um tempo em que se esvai, de um tempo em que a vida se impõe ou de um tempo em que se retira, a favor da morte. E se a metamorfose ducassiana afirma o tempo e o movimento de uma força instintiva, a metamorfose kafkiana afirmaria o tempo e o movimento de perda dessa mesma força. Mas tudo se passa como se Blanchot também só pudesse conceber a metamorfose no curso desses dois tempos enunciados por Bachelard. Porém, em vez de se excluírem, em Lautréamont os dois tempos coexistiriam – o primeiro como tempo da consciência, tempo de uma consciência ativa que quer viver, o segundo como tempo do instinto, tempo de um instinto moribundo que se esforça para morrer. De modo que, se Blanchot descarta a análise de Bachelard, é porque acha que não se deve *aplicar* uma análise ao lirismo muscular, mas sim levar Lautréamont-Ducasse a autoanalisar-se, é porque acha que devemos abandonar a análise psicofísica para acompanharmos o poeta em sua psicoanálise.

A operação é tremenda, mas o que está em jogo é capital. Sob a aparente refutação da análise bachelardiana, trata-se, nada mais, nada menos, de fazer com que os *Cantos de Maldoror* sejam, eles próprios, a realização do não lautréamontismo exigido por Bachelard. Trata-se de fazer com que Lautréamont rompa com a vida, com o lirismo

---

43 Ibid., pp. 19-20.

muscular e com o instinto, de fazer com que Ducasse renuncie, se converta e depois desapareça – trata-se de fazer com que sua vida passe a querer exclusivamente a construção de uma obra imortal.

A operação é tremenda porque Blanchot é tremendamente afetado pela poesia de Lautréamont, porque esta deixa no escritor duas impressões muito fortes, a exigir resposta, porque a leitura instaura o maior dos conflitos:

> A leitura de *Maldoror* é uma vertigem. Essa vertigem parece o efeito de uma tal aceleração de movimento que o meio de fogo, no centro do qual nos encontramos, dá a impressão ou de um vazio flamejante ou de uma plenitude inerte e sombria. Ora nos vemos dentro de uma consciência sarcástica superiormente ativa e que é impossível de apanhar em falso; ora essa agilidade onipresente, esse turbilhão de raios distintos, essa tormenta acumulada de sentidos não dá mais de modo algum a ideia de um espírito, mas sim de um instinto penoso, cego, de uma coisa compacta, desse peso tenaz, próprio dos corpos que se desfazem e das substâncias tomadas pela morte. As duas impressões se sobrepõem, vão necessariamente juntas. Elas provocam no leitor uma embriaguez que o leva a perder-se e uma inércia dócil que o leva a encalacrar-se. Nessas condições, como teria ele o desejo e os meios de recobrar equilíbrio para discernir onde está caindo? Ele segue e soçobra. Esse é o seu comentário.[44]

Bachelard superestima o impulso brutal na obra de Lautréamont, continua Blanchot, o fenomenólogo não vê que se Maldoror faz mal aos outros, sente imediatamente a

---

[44] Maurice Blanchot, *Lautréamont et Sade*, p. 59.

necessidade de fazer mal a si mesmo, não vê que o frenesi de crueldade desemboca num sofrimento morno, não vê que o herói é feroz porque terno, impiedoso por excesso de piedade, não vê que o objeto de sua violência é ele próprio, não vê a vida submarina, a observação do sono, a simpatia por tudo que é viscoso, a passividade, a paralisia, a existência cadavérica. Bachelard não vê essa imensa espera "que vai se impondo a cada estrofe e transformando os cinco primeiros cantos num espernear obsessivo diante de uma saída cada vez mais próxima mas ainda inacessível".[45] Bachelard só vê a energia, o movimento, o tempo e a ação da força que afeta – não os da força que é afetada, e que estão encarnados nos cinco primeiros cantos. Bachelard não vê que sua fenomenologia dinâmica só se aplica ao Canto Sexto, quando já foi superado o tempo da espera, da inércia e da passividade. Bachelard não vê que, até lá, há em *Maldoror* uma experiência central, a experiência de conflito entre razão e instinto, entre consciência e inconsciente, entre lucidez e trevas. Bachelard não vê a armadilha em que Lautréamont-Ducasse se debate, armadilha magnética, não vê que o poeta está às voltas com a tragédia central do dia e da noite, tragédia que é luta pela luz do dia, pela vitória da lucidez.

Bachelard não vê; Blanchot, sim. Para ele, o poeta sempre quis ver claro, sempre manifestou em sua obra essa resolução; e se não conseguia, até o final do Canto Quinto, era porque havia um encantamento que paralisava a sua lucidez. Blanchot vê que o poeta sempre quis ver claro, mas que essa exigência obrigava-o a mergulhar nas águas turvas do oceano, a enfrentar a escuridão e não compactuar com ela, e a afundar nas regiões tenebrosas

45 Ibid., p. 77.

"onde triunfa a paixão sem finalidade de um instinto extraviado".[46] Blanchot sabe que ver claro exige um sacrifício imenso, que a lucidez precisa ir até o fundo, colher o instinto extraviado e trazê-lo à tona, para que a luz se faça, o encantamento se rompa, o enigma se "resolva", para que se dissipe o mistério.

Bachelard não vê; Blanchot, sim. Porque partilharia, com Lautréamont-Ducasse, do mesmo combate para ver o dia, da mesma luta pela lucidez; ambos estariam mergulhados na mesma experiência-limite – a experiência de escrever, a experiência de converter a força em força de expressão, a experiência da literatura. Se Lautréamont-Ducasse vive a experiência de ver o dia escrevendo os cantos do mal da aurora, Blanchot também viverá a mesma experiência, escrevendo mais tarde *La folie du jour*.[47] Em Blanchot, o termo *experiência* diz tudo:

> E nos familiarizamos com o fato de que o escritor mais consciente, na medida em que o livro que compõe engaja uma parte profunda dele mesmo, não dispensa nenhuma das potências de seu espírito; muito ao contrário, suplicando-lhes que se associem ao livro e pedindo a este que ajude e aprofunde essas potências, ele institui entre sua obra e sua lucidez um movimento de composição e de desenvolvimento recíproco, um trabalho extremamente difícil, importante e complexo, trabalho que denominamos *experiência*, ao final da qual a obra não só terá se servido do espírito como o terá servido, de modo que ela pode ser chamada de absolutamente lúcida, *se é obra da lucidez* e *se a lucidez é sua obra*. [...] Não vamos esconder

---

46 Ibid., p. 90.
47 Maurice Blanchot, *La folie du jour*.

que os *Cantos* parecem-nos o exemplo mais notável desse tipo de trabalho, o modelo dessa espécie de literatura que não comporta modelo.[48]

Bachelard não vê, Blanchot, sim. Porque Blanchot tem a obsessão de escrever e, escrevendo, projeta-se no espelho da escrita para elucidar-se; e porque, como Blanchot, ao escrever, Lautréamont-Ducasse também faria o mesmo, também buscaria na escrita a luz do dia e a elucidação de seu conflito.

Bachelard não vê porque está de fora – é o psicanalista que acolhe em seu gabinete a loucura escrita e vai "substituir a leitura por uma transferência, no sentido psicanalítico do termo";[49] é o psicanalista que, lendo, se espanta quando, sob o impacto da transferência, sente vibrar em si próprio a violência do lirismo muscular, o psicanalista que ouve a voz de Lautréamont-Ducasse como voz selvagem do instinto e tenta não interpretar o complexo de seu analisando. Com Blanchot é diferente: Blanchot vê porque estaria dentro, porque interioriza a relação psicanalítica. Ao escrever, Blanchot é o analisando que transfere para a escrita a sua obsessão e pede-lhe a sua elucidação. Blanchot não é Proust, não busca o tempo perdido nem quer encontrá-lo através da introspecção. Blanchot experiencia, ao escrever, uma relação analítica onde o autor é o analisando e a escrita o psicanalista. Ora, basta então postular que Lautréamont-Ducasse também é um analisando que projeta na escrita o seu conflito, e descobriremos que Blanchot pode pretender captar de dentro o tempo e o movimento da poesia ducassiana: esse tempo

---

48 Maurice Blanchot, *Lautréamont et Sade*, pp. 90-91.
49 Gaston Bachelard. op. cit., p. 119.

e esse movimento seriam uma projeção, uma transferência, exatamente igual àquela experienciada por Blanchot ao escrever. A superposição é absoluta, os movimentos podem coincidir; e coincidem porque a identificação de Blanchot com Lautréamont-Ducasse é total, a ponto de não sabermos mais, lendo o texto, se é Blanchot que reflete Lautréamont-Ducasse ou se é este que reflete Blanchot.

De qualquer modo, tanto um quanto o outro precisam, agora, construir a sua cabeça. E construí-la escrevendo:

> O que tinha Lautréamont em mente na noite em que traçou as primeiras palavras: "Plût au ciel que...?". Não basta dizer que, neste primeiro momento, Lautréamont não tinha, inteiramente formada, a memória dos seis cantos que ia escrever. É preciso dizer mais: não só os seis cantos não estavam na mente, *mas também essa mente ainda não existia; e o único objetivo que ele podia ter era essa mente distante, a esperança de uma mente que, no momento em que Maldoror fosse escrito, lhe desse toda a força desejada para escrevê-lo*.[50]

Está-se vendo que Blanchot não vai extrair o tempo e o movimento isolando instantes privilegiados dos *Cantos*, momentos de metamorfose, e experimentando dinamizá-los artificialmente. Não. Agora vamos começar do começo e percorrer a obra de canto a canto, de estrofe a estrofe. Tentando nos colocar no lugar do poeta antes mesmo que escreva as primeiras palavras, tentando *iniciar* com ele o tempo e o movimento da poesia ducassiana.

No entanto, ainda não partimos e já se coloca uma dificuldade enorme, irredutível – a realidade da duração. É

50 M. Blanchot, op cit., p. 91 (grifo meu).

impossível entrar no tempo e no movimento sem viver a duração. E é impossível viver a duração como uma relação, principalmente como relação de identidade entre um eu e outro eu que interrogam simultaneamente a escrita a respeito de sua alteridade. Um eu já impediria a entrada no tempo e no movimento, pois supõe a existência de uma entidade separada e exterior ao objeto com o qual se encontraria em relação. O que dizer então de dois... se refletindo como dois pontos que se desdobram no espaço?

Ainda não partimos e a resistência de Blanchot à duração já transforma os *Cantos de Maldoror* num bloco e não num rio ou num mar onde o eu vai dissipar-se. É como dizíamos no início deste texto: quase sempre a leitura esbarra no bloco e estanca; a resistência começa a fabricar um mistério, não é mais o leitor que resiste, recusa-se a atirar-se n'água, é a coisa que rejeita qualquer incursão, que se fecha, enigmática; a coisa... ou o seu autor; cria-se um caso. Blanchot sente que há uma dificuldade enorme – e a resolve à sua maneira. Criando um caso.

> É indubitavelmente admirável que, como obra acabada, os *Cantos* se afirmem como um todo sem fissuras, ao modo desse *bloco de basalto* no qual Maldoror reconhece com tristeza a solidez de sua própria existência, deduzida de todas as dissoluções. Haveria algum outro que, como este, se por um lado encontra-se à mercê do tempo, inventando ou descobrindo o seu sentido à medida em que é escrito, estritamente cúmplice de sua duração, permanece entretanto essa massa sem começo nem fim, *essa consistência intemporal, essa simultaneidade de palavras*, em que parecem apagados, e para sempre esquecidos, todos os traços de antes e de depois? Eis aí *uma das grandes razões de espanto* deste livro, do que entretanto *devemos agora tentar*

escapar; pois, para entrever quem é Lautréamont, talvez devamos procurá-lo no momento em que, não havendo ainda ninguém no quarto vazio de um quinto andar, iluminado por uma vela que faz vibrar uma folha branca, uma mão, ah, com certeza, uma belíssima mão, se forma solitariamente para escrever: "Plût au ciel que...", e como uma espécie de resposta a essas quatro primeiras palavras.[51]

É preciso ouvir cuidadosamente tal passagem, pois roçamos o tempo e o movimento da poesia de Ducasse para deles nos afastarmos brusca e definitivamente. Blanchot entrevê a duração, enuncia de modo explícito a sua realidade; mas, como seu reverso, vê, com precisão, um todo, bloco de basalto, solidez, massa sem começo nem fim – consistência intemporal e simultaneidade de palavras. Blanchot se espanta, se pergunta se há outro texto assim. E prefere tentar subtrair-se ao que entrevê e ao seu espanto; prefere esquecer a duração, esquecer que sete páginas antes escrevia: "é importante, para quem quer atingir o 'sentido' de tal livro, confiar-se ao seu desenrolar, ao seu 'sentido' temporal"; prefere esquecer que sublinhara com força uma certeza, talvez a única, ao afirmar: "uma obra se faz com o tempo: essa certeza, pelo menos, permanece"; e prefere minar a sua própria *démarche*, não só concentrando toda a sua atenção no bloco, mas, acima de tudo, desrespeitando a duração, traficando com o tempo da poesia de Ducasse para fazer "literatura". É preciso ouvir cuidadosamente tal passagem – ela invalida a ambição de Blanchot, não nos permite mais segui-lo quando vai traçando o que diz ser o movimento dos *Cantos* e o sentido poético das metamorfoses; mas, principalmente, ela nos

---

51 Ibid., p. 91 (grifo meu).

faz ver que Blanchot não conserva para si mesmo sequer o direito de poder continuar dizendo o que seria a experiência de Lautréamont. Em sua ânsia de escrever, em sua obsessão de fazer literatura, antes mesmo de começar a mostrar Lautréamont-Ducasse fazendo a sua psicanálise, Blanchot vai obliterar, numa única sessão, todo o movimento que ressoa da primeira estrofe do texto ao final do Canto Quarto. Como? Justapondo num mesmo bloco espaçotemporal a mão que se forma para escrever e a vela que faz vibrar uma folha branca; quer dizer: transformando num rígido bloco de imagens literárias, numa consistência intemporal, numa simultaneidade de palavras, o tempo e o movimento, agindo até que Lautréamont-Ducasse descobrisse, através da metamorfose, a vibração e, através da vibração, a duração. Vibração que, na última estrofe do Canto Quarto, movimenta tanto uma folha branca de papel quanto uma voz melodiosa pronunciando no ouvido do poeta: "Maldoror!".

o

Blanchot vai então acompanhar Lautréamont em sua autoanálise. Estrofe por estrofe. Canto por canto. E, com ele, descobrirá que há um encantamento, há um trauma de infância recalcado pressionando para ser desentranhado e voltar à superfície, mas que só a muito custo poderá retornar. E, com ele, descobrirá que os *Cantos de Maldoror* são o imenso sonho de um abismo, do fundo do qual emergirá a banal revelação de um "caso" homossexual vivenciado como culpado e criminoso desde a infância, a banal revelação de um "problema" que alimenta os fantasmas maldorianos. E, com ele, descobrirá que ao final do Canto Quinto, com a famosa estrofe da tarântula, elucida-se a "duplicidade perversa" da lucidez de Lautréamont, resolve-se a tensão entre o que é claro e o que não quer sê-lo, entre a pressão enérgica da vontade e a ausência de colaboração efetiva, entre o arroubo da cólera e a doença do orgulho, entre a lucidez todo-poderosa de fora, encarnada pelo frenesi e pela ironia, e a pérfida lucidez de dentro, encarnada pela passividade e pelo fluido viscoso e magnético de um inconsciente que não quer se deixar decifrar. Terminado o processo psicanalítico, processo que aliás se elabora fora do tempo, no contraste de uma dupla aberração da duração – tempo acima do tempo porque tornou-se excessivamente rápido e tempo abaixo do tempo porque infinitamente lento –, Lautréamont descobrirá, com Blanchot, que explicou-se consigo mesmo, esclareceu a si próprio. E como tudo está revelado, elucidado, Lautréamont está curado, liberto, acedeu ao dia. E foi a escrita que o pariu, literalmente – deu à luz.

Muito coerentemente, porém, com a visada de Blanchot, quem nasce desse parto não é Isidore Ducasse, mas sim o Conde de Lautréamont, quem nasce é o escritor. E nasce *contra* Ducasse, nasce às custas de Ducasse, para ocupar o seu lugar:

> Tudo se passa exatamente como se Ducasse tivesse o sentimento de que, em relação aos *romances* que se propõe escrever, a obra já escrita representasse o trabalho necessário para o nascimento progressivo do *romancista* – através de tal obra, o ser ausente que é Lautréamont, lentamente e num combate que na verdade representa o duro trabalho do parto, nesse escoamento de sangue, de humores, nessa colaboração da paciência com a violência que é o nascimento, Lautréamont, rejeitando Ducasse

definitivamente, tivesse vindo à luz; agora ele existe, o romancista existe.⁵²

Nascendo para o dia, e nascendo às custas de Ducasse, Lautréamont então confirmaria, através da autoanálise e à sua maneira, as confidências que Artaud fizera sobre o impensável Conde, indefinível assassino do poeta. Nascendo para o dia, Lautréamont nascia para a literatura e para o pensamento, o que custa a Ducasse a vida. Mas há uma diferença fundamental separando o texto de Artaud do de Blanchot; pois, se o primeiro vocifera um protesto contra a morte de um grande poeta, o último celebra com mórbido prazer o sacrifício de uma vida no altar da Poesia.

Se acreditamos em Blanchot, o autor dos *Cantos de Maldoror*, que acaba de nascer definitivamente no final do Canto Quinto, vai agora cumprir com incrível rapidez o seu destino. E vai cumpri-lo escrevendo o Canto Sexto, onde é assumida com maestria a condição de escritor, onde é finalmente acionada toda a potenciada imaginação muscular apontada por Bachelard, onde é vivenciada a experiência máxima que um escritor pode ambicionar – a experiência da elaboração da imagem última, imagem da apoteose. Escrevendo o final do Canto Sexto, escrevendo o voo parabólico de Mervyn que risca o céu como um cometa, que traça uma trajetória entre a Colonne Vendôme e a cúpula do Panthéon, entre o símbolo da potência terrena e o cume da glória imortal das letras, Lautréamont teria portanto elaborado a imagem-síntese do que é escrever, a imagem-síntese da literatura – imagem de apoteose. E o que seria vivenciar a experiência da elaboração de tal imagem, se não cultuar a imagem

⁵² Ibid., p. 166.

como realidade última, consagrá-la, experienciar na imagem da apoteose a apoteose da imagem? E o que seria vivenciar a apoteose da imagem se não constatar que a vida agora quer e pode querer a soberania do pensamento? Lautréamont escreve o voo parabólico de Mervyn; Blanchot comenta:

> Imagem monumental, e quase perfeita demais, cuja forma calculada, de acordo com os mandamentos de uma razão exata, serve por assim dizer de símbolo para a soberania nova da luz, que o primeiro hino às matemáticas já havia invocado, embora através de um ato de fé e de um juramento ainda irracional. A apoteose de Mervyn, introduzindo-o na glória e na morte, é portanto, também, a apoteose do dia.[53]

EXPERIÊNCIA

Artaud, Bachelard, Blanchot. De repente, no comentário deste sobre o último canto de Maldoror condensa-se todo um caminho, o caminho de uma leitura que faz dos *Cantos* a expressão de uma imensa agonia – a agonia do poeta Ducasse – que é concomitante a um nascimento – o nascimento do escritor Lautréamont. De Artaud a Blanchot, passando por Bachelard, é à agonia e ao nascimento que assistimos. Agonia da vida e nascimento da obra, renúncia da vida e triunfo do pensamento, conversão da força em força de expressão. Força irreprimível que eletriza o poeta e produz a trepidação epileptoide do verbo; força do amor vital, força do coração "viride" do poeta, no dizer de

---

[53] Ibid. pp. 171-2.

Artaud. Força perigosa que precisava ser dominada, sufocada. Como estamos longe do início do caminho dessa leitura! Como estamos longe do protesto de Artaud! Ali, Ducasse queria viver e era assassinado pelo Conde; agora, com Blanchot, é o próprio Ducasse quem deseja morrer. Ali Ducasse queria gritar a força e era impedido; agora, a força se consumiu na expressão, não há mais nada senão a honra e a glória de Lautréamont.

Não deixa de ser estranho, muito estranho, o trajeto dessa leitura que faz dos *Cantos* a expressão de uma agonia e um nascimento. Porque ele desperta uma sensação muito forte que vai impondo uma convicção – a certeza de que há efetivamente uma agonia e morte como detecta Artaud, a certeza de que há efetivamente um lirismo muscular como detecta Bachelard, a certeza de que há efetivamente um nascimento como detecta Blanchot. Mas agonia, lirismo muscular e nascimento não têm o sentido a eles atribuído. Ou melhor – só, passam a tê-lo se o leitor investir na leitura de *Maldoror* toda a carga de negatividade que o habita.

Agonia, lirismo muscular e nascimento não têm o sentido a eles atribuído. Eles existem, estão presentes, são eles até que encarnam nessa linguagem que faz dos *Cantos* um livro único. Mas existem como cantos, como cânticos, como afirmação de vida, da vida; existem como força que é um sim, um sim que ressoa cada vez mais vigoroso de canto a canto e dos *Cantos* às *Poesias*. Um sim que Artaud, Bachelard e Blanchot captam como o sim de um imenso não. O não que é recusa ao tempo e ao movimento, recusa à duração; o não que nos faz viver sobre uma superfície em vez de dentro do élan vital; o não que traça trajetórias e as substitui aos trajetos.

Surge a pergunta: por que percorrer o caminho do não para dizer não ao não? Por que prender-se aos textos de

Artaud, Bachelard e Blanchot, submeter-se ao impacto da negatividade que emana de cada página? Por que essa necessidade implacável de precisar percorrer um caminho só para tentar mostrar a sua inviabilidade? Por que não enveredar direto pelo caminho do sim, que é o caminho da poesia?

Porque parecia não haver como escapar de um paradoxo que toma conta de muitos comentadores de *Maldoror* – o paradoxo que leva o leitor a perceber que seu próprio corpo está sendo afetado por uma força afirmativa a pulsar na linguagem, mas que só sabe pensar a afecção em termos negativos. O paradoxo que obriga o leitor a considerar-se dividido em corpo e mente e a optar entre o corpo que é afetado ou a mente que recusa a positividade da afecção, porque não admite não ser a primeira a afetar.

Diante do paradoxo, Artaud, Bachelard e Blanchot encarnam três *démarches* possíveis. Abalado, Artaud fica com o corpo contra a mente, fica com o sim contra o não; Blanchot, por sua vez, entrega-se à mente contra o corpo, escolhe o não contra o sim; Bachelard, enfim, tenta um compromisso – quer fazer com que o corpo afetado sublime-se na mente que afeta, quer converter o sim em não. Mas, para o leitor dos *Cantos*, talvez haja uma quarta *démarche*: abalado, dividido, tal leitor não tem como escolher – intui que deve acolher, de corpo e mente, a positividade da afecção; intui que a mente não tem autonomia para afetar, que não pode agir a partir do nada, não pode fundar-se na negação; intui que a mente deve precisar assumir que, como o corpo, ela própria é afetada sempre, e positivamente, antes de afetar; intui, mas não consegue impedir que a mente aja como se fosse autônoma. O que deixa o leitor perplexo, mergulhado na irresolução.

Diante do paradoxo parece haver portanto quatro *démarches* possíveis. Mas só se sabe que se encarna a quarta depois que se endossa de corpo e mente as outras três e se experimenta a sua inadequação aos *Cantos de Maldoror*, mas também ao que se passa conosco. Com efeito, parece que só podemos aceitar plenamente a quarta *démarche* depois de submetermos a nossa própria experiência da leitura dos *Cantos* ao crivo das experiências de Artaud, Bachelard e Blanchot, depois de conceber a diferença radical que a separa destas últimas, depois de dizer três vezes: não ao não.

O que ocorre quando o leitor começa aceitando a própria perplexidade e o paradoxo que a cria? Antes de mais nada: aceita o movimento que vem de fora para dentro e que afeta; e, em vez de negar a sua existência primeira, bem como a positividade da afecção que surge no seu bojo, concorda que é preciso tomar o partido desse movimento. Quer dizer: tomar o partido de Bergson nas primeiras páginas do primeiro capítulo de *Matéria e memória*:

> Vamos fazer de conta por um momento que não sabemos nada das teorias da matéria e das teorias do espírito, nada das discussões sobre a realidade ou a idealidade do mundo exterior. Eis-me portanto diante de imagens, no sentido mais vago com que se pode tomar essa palavra, imagens percebidas quando abro meus sentidos, desapercebidas quando os fecho. Todas essas imagens agem e reagem, umas sobre as outras em todas as partes elementares segundo leis constantes, que denomino leis da natureza; e como a ciência perfeita de tais leis sem dúvida permitiria calcular e prever o que se passaria em cada uma dessas imagens, o futuro das imagens deve estar contido em seu presente e nelas nada acrescentar

de novo. Entretanto há uma que se sobressai dentre todas as outras pelo fato de eu não conhecê-la apenas de fora através das percepções, mas também de dentro através das afecções: é meu corpo. Examino as condições nas quais essas afecções se produzem: acho que elas sempre vêm se intercalar entre excitamentos que recebo de fora e movimentos que vou executar, como se devessem exercer uma influência mal determinada sobre a *démarche* final. Passo minhas diversas afecções em revista: parece-me que cada uma delas contém à sua maneira um convite à ação com, ao mesmo tempo, a autorização de esperar e até de não fazer nada. Olho mais de perto: descubro movimentos começados mas não executados, a indicação de uma decisão mais ou menos útil, mas não o constrangimento que exclui a escolha. Evoco, comparo minhas lembranças: lembro-me que em toda parte, no mundo organizado, devo ter visto essa mesma sensibilidade surgir no momento preciso em que a natureza, tendo conferido ao ser vivo a faculdade de mover-se no espaço, assinala à espécie, através da sensação, os perigos gerais que o ameaçam, e confia que os indivíduos tomarão suas precauções para deles escapar. Interrogo enfim minha consciência sobre o papel que ela se atribui na afecção: ela responde que, com efeito, assiste, sob a forma de sentimento ou de sensação, a todas as *démarches* cuja iniciativa creio tomar, e que ao contrário se eclipsa e desaparece assim que minha atividade, tornando-se automática, declara não precisar mais dela. Portanto, ou todas as aparências são enganosas, ou o ato a que o estado afetivo desemboca não é daqueles que poderiam ser rigorosamente deduzidos dos fenômenos anteriores como um movimento de um movimento, acrescentando então realmente algo novo ao universo e à sua história. Atenhamo-nos às aparências; vou formular pura e simplesmente o que sinto e o que vejo: *tudo se passa como se, nesse conjunto de imagens que denomino universo, nada de realmente novo pudesse ser produzido senão por intermédio de certas imagens particulares, cujo tipo me é fornecido por meu corpo.*[54]

Percebemos então que essas páginas são essenciais para o leitor de Lautréamont porque condensam, a seu modo e com incrível acuidade e concisão, o que foi a descoberta de Ducasse. Mas o mais espantoso é o que Bergson diz do movimento. Com efeito, primeiro o filósofo afirma que a afecção é algo que se produz numa imagem, algo que nela surge criando um intervalo, algo que se intercala entre dois movimentos – o das excitações que vêm de fora, o das ações que vou realizar; e afirma ainda que a afecção deve exercer uma influência mal determinada sobre o movimento que se segue, sobre a *démarche* final. O que se passa nesse momento intercalar? Um convite à ação, mas também à espera e até à inação; movimentos começados mas não executados; a emissão de sinais que advertem a assistência ou não da consciência. Muita coisa se passa, portanto, nesse momento intercalar. Que, porém, não se deduz do que acontecera antes, continua Bergson, que não é um movimento como o que precedera a afecção, que não é um movimento de um movimento. Algo novo vem aí acrescentar-se ao universo e à sua história.

O

---

[54] Henri Bergson, *Oeuvres*, pp. 169-70 (grifo do autor).

A quarta *démarche* parte da aceitação do paradoxo, parte do movimento que atua na leitura e ao atuar suscita uma afecção, uma dor indefinível. E, de saída, já se impõe a constatação de que é isso que o leitor partilha com o poeta, é isso que estabelece o contato, é isso que é comum. Não é que um possa identificar-se com o outro, nele projetar-se – não se trata de um problema de identificação. É que ambos são levados, a partir de fora do corpo, a começar com o dinamismo no qual se intercala a afecção; ambos são levados a constatar que, antes de mais nada, há o movimento.

Ora, o fato de reconhecermos o caráter primeiro do movimento parece que nos obriga a dizer que tudo se passa entre o movimento de uma força que afeta e o movimento de uma força que é afetada. Parece que tudo se passa entre ação e reação. E, efetivamente, tudo se passa *entre*. Mas *entre* não quer dizer *de* uma *com* outra, *de* uma *sobre* a outra, e sim *no intervalo* entre o movimento de uma e de outra. A distinção é fundamental: no primeiro caso, a afecção será o movimento da reação; enquanto no segundo, a resistência ao movimento.

Consideremos a dor. No primeiro caso, a dor é moção; no segundo, é um ponto. Lembremos então que, em carta ao editor Verbroeckhoven, Isidore Ducasse, referindo-se aos *Cantos de Maldoror*, escreve: "E no entanto já há uma imensa dor em cada página. É isso o mal? Não, é claro".[55] Lembremos ainda que Artaud lê e sente, na trepidação epileptoide do verbo, como dói: e que o leitor da quarta *démarche*, também. Surge a pergunta: é o dinamismo da dor que faria o verbo palpitar? Ou será que a linguagem

---

55 Lautréamont, *Oeuvres complètes*, 1984, pp. 389-99. *Et cependant il y a déjà une immense douleur à chaque page. Est-ce le mal, cela? Non, certes.*

trepida porque o movimento, encontrando a imensa barreira da dor, tem de conter-se, comprimir-se? Artaud tende para a primeira resposta. Mas o leitor perplexo prefere voltar a Bergson e perguntar-lhe o que é a dor.

Quando um corpo estranho toca um dos prolongamentos da ameba, tal prolongamento se retrai; cada parte da massa protoplásmica é portanto igualmente capaz de receber a excitação e de reagir contra ela; percepção e movimento confundem-se aqui numa propriedade única que é a contratilidade. Mas, à medida que o organismo se complica, o trabalho se divide, as funções se diferenciam, e os elementos anatômicos assim constituídos alienam sua independência. Num organismo como o nosso, as fibras ditas sensitivas são exclusivamente encarregadas de transmitir excitações para uma região central de onde o excitamento se propagará a elementos motores. Parece portanto que elas renunciaram à ação individual para contribuir, como sentinelas avançados, para as evoluções do corpo inteiro. Isso não significa que não continuem expostas, isoladamente, às mesmas causas de destruição que ameaçam o organismo em seu conjunto: e enquanto o organismo tem a faculdade de mover-se para escapar do perigo ou para reparar suas perdas, o elemento sensitivo conserva a imobilidade relativa a que o condena a divisão do trabalho. Assim nasce a dor, que, em nosso entender, não é senão um esforço do elemento lesado para repor as coisas no lugar – uma espécie de tendência motora num nervo sensível. Toda dor deve portanto consistir num esforço, e num esforço impotente. Toda dor é um esforço *local*, e é esse próprio isolamento do esforço a causa de sua impotência, pois o organismo, em razão da solidariedade de suas partes, só está apto aos efeitos de conjunto.

> É também porque o esforço é local que a dor é absolutamente desproporcional com relação ao perigo que o ser vivo corre: o perigo pode ser mortal e a dor leve; a dor pode ser insuportável (como a dor de dente) e o perigo insignificante. Há portanto, deve haver um momento preciso em que a dor intervém: é quando a porção interessada do organismo, em vez de acolher a excitação, repele-a. E não é somente uma diferença de grau que separa a percepção da afecção, mas sim uma diferença de natureza.[56]

Para o leitor de *Maldoror*, o que Bergson está dizendo é extremamente precioso. Se seguimos o filósofo, haveria uma grande diferença entre um organismo simples como a ameba e um organismo complexo como o humano. No primeiro, percepção e movimento confundem-se numa propriedade única; no segundo, não. É que o nosso prolongamento de ameba, a nossa fibra sensitiva, não reage diretamente à excitação quando atingida, é condenada a atuar como correia de transmissão para o corpo todo, que, este sim, vai mover-se. Percepção e movimento não são mais, portanto, uma propriedade única; entre uma e outro, entre o movimento que vem de fora e o movimento que partirá de dentro, entre a excitação e a reação, há uma imobilidade relativa da fibra que quer reagir individualmente, por conta própria, e não pode. Nasce a dor: uma espécie de tendência motora num nervo sensível – o esforço local da fibra sensitiva que tende a mover-se mas que, impotente, rejeita a excitação ao mesmo tempo que a transmite para o corpo como um todo. A dor é, portanto, uma defesa, é a fibra defendendo-se isoladamente.

---

56 Henri Bergson, *Matière et mémoire*, in *Œuvres*. op. cit. pp. 203-4 (grifo do autor).

A dor é, portanto, resistência ao movimento, é interrupção deste, é ausência de dinamismo, é imobilidade. Entre um movimento e outro, a parada da dor. Mas por que Bergson diria imobilidade relativa, senão para marcar que a tendência motora, o esforço impotente, constitui uma espécie de dinamismo próprio dessa imobilidade, específico do momento intercalar, dinamismo da resistência?

Tal pergunta suscita imediatamente uma outra: e se a trepidação epileptoide do verbo, de que fala Artaud, e se o lirismo muscular, de que fala Bachelard, e se a linguagem-bloco, de que fala Blanchot, fossem aproximações relativas do que agora se impõe como presença absoluta – a saber: que a poesia de Lautréamont-Ducasse palpita porque o poeta vivencia, em estado de tensão extrema, a supremacia da imobilidade relativa sobre o movimento, da interrupção sobre a continuidade, da impotência sobre o ímpeto, da rejeição sobre a admissão? E se o dinamismo poético dos *Cantos* fosse o dinamismo das imagens, no sentido bergsoniano do termo, exercitando-se até romper a resistência que a afecção lhes opõe? E se a descoberta do poeta consistisse precisamente na experiência do desencontro entre o dinamismo e a dor, até que esta se revele "o pueril reverso das coisas"?

A definição que Bergson elabora para a afecção, no final de *Matéria e memória*, renova o ânimo de seguir fiel ao movimento. Pois ela complementa o que precisávamos saber a respeito do movimento e da imobilidade relativa.

O que é uma afecção? Nossa percepção, dizíamos, desenha a ação possível de nosso corpo sobre os outros corpos. Mas nosso corpo, sendo extenso, é capaz de agir sobre ele mesmo tanto quanto sobre os outros. Em nossa percepção entrará portanto alguma coisa de nosso corpo.

Todavia, quando se trata dos corpos circundantes, eles estão, por hipótese, separados do nosso por um espaço mais ou menos considerável, que mede a distância de suas promessas ou de suas ameaças no tempo – por isso nossa percepção desses corpos desenha apenas ações possíveis. Em contrapartida, quanto mais decresce a distância entre esses corpos e o nosso, mais a ação possível tende a transformar-se em ação real, a ação tornando-se tanto mais urgente na medida em que a distância é menos considerável. E quando a distância torna-se nula, isto é, quando o corpo a ser percebido é o nosso próprio corpo, o que a percepção desenha é uma ação real, e não mais virtual. Essa é precisamente a natureza da dor, esforço atual da parte lesada para repor as coisas no lugar, esforço local, isolado, e por isso mesmo condenado ao fracasso num organismo apto apenas para os efeitos de conjunto. A dor está portanto no lugar onde se produz, assim como o objeto está no lugar onde é percebido. Entre a afecção sentida e a imagem percebida, há esta diferença de que a afecção está em nosso corpo, e a imagem fora de nosso corpo. E é por isso que a superfície de nosso corpo, limite comum desse corpo e dos outros corpos, nos é dada ao mesmo tempo sob a forma de sensações e sob a forma de imagem.

A subjetividade da sensação afetiva consiste nessa interioridade, assim como a objetividade das imagens em geral consiste nessa exterioridade. Mas reencontramos aqui o erro que renasce incessantemente e que perseguimos ao longo de todo o nosso trabalho. Querem que sensação e percepção existam por si mesmas; atribuem-lhes um papel inteiramente especulativo; e, como ignoraram as ações reais e virtuais às quais elas aderem e que serviriam para distingui-las, só se pode encontrar entre elas uma diferença de grau. Então, aproveitando-se do fato da sensação afetiva só ser vagamente localizada (por causa da confusão do esforço que ela envolve), imediatamente declaram-na inextensiva; e fazem dessas afecções diminuídas ou sensações inextensivas os *materiais* com os quais construiríamos imagens no espaço. Por aí estão condenados a não explicar nem de onde vêm os elementos de consciência ou sensações, colocados como absolutos, nem como, sendo inextensivas, tais sensações encontram o espaço para nele se coordenarem, nem porque adotam aí uma ordem e não outra, nem enfim por que meio conseguem nele constituir uma experiência estável, comum a todos os homens. Ao contrário, é dessa experiência, teatro necessário de nossa atividade, que precisamos partir. Portanto, é a percepção pura, isto é, a imagem, que devemos considerar primeiro. E então as sensações, em vez de serem os materiais com os quais a imagem é fabricada, surgirão ao contrário como a impureza que nela se mistura, sendo o que projetamos de nosso corpo em todos os outros.[57]

Tentemos verificar se compreendemos bem. Bergson diz: devemos partir da percepção, da imagem, isto é, do movimento, perpétuo movimento das imagens. Caso contrário, corremos o risco de acreditar que as imagens têm como matéria-prima as afecções. Ora, dizer que as imagens são fabricadas com afecções é o mesmo que dizer que a imobilidade é a matéria-prima com a qual se produz o movimento. Portanto, em vez de partir da afecção, é melhor chegar a ela. E como Bergson chegou lá? Levado pelo movimento, o filósofo foi suprimindo o espaço cada vez mais, foi passando da ação virtual para a ação real, foi se aproximando até chegar ao marco zero, quando não há

[57] Henri Bergson, op. cit., pp. 364-5 (grifo do autor).

mais espaço, quando o corpo a ser percebido é o nosso próprio corpo, quando a percepção desenha uma ação real e não mais virtual. E, quando o espaço acabou, Bergson encontrou a natureza da dor, da afecção, encontrou o esforço local, isolado e impotente, encontrou a tendência motora num nervo sensível, encontrou a fibra sensitiva defendendo-se de uma excitação que já passou, resistindo a ela, rejeitando-a, *tentando repor as coisas no lugar*. E, quando o espaço acabou, Bergson encontrou, no tempo, a imobilidade relativa da afecção, descobriu que a afecção é uma parada no tempo, que a imobilidade relativa era uma interrupção relativa do movimento no tempo. Em suma: descobriu a afecção fora do movimento e do tempo. Mais ainda: descobriu que a afecção é a impureza que se mistura à imagem, o que projetamos de nosso corpo em todos os outros. Isto é: a imobilidade.

Lautréamont e o desejo de não desejar[1]

"O desejo de Um é o desejo do Outro", diz o psicanalista. "Menino do Rio, eu desejo o teu desejo", canta Caetano Veloso. Nas duas frases declara-se, antes de tudo, que o desejo se constitui como carência, que o desejo deseja aquilo que lhe falta, e que lhe falta para poder desejar; nas duas frases declara-se, portanto, que o desejo é, primeiro, insuficiência... para não dizermos impotência.

Parece estranho, não?, que a noção de desejo esteja assim tão intimamente ligada à de carência. Afinal, a palavra desejo, em nossa cultura, designa comumente o movimento impetuoso, intenso e potente, da energia libidinal. E no entanto, pensando bem, é verdade que estamos acostumados a conceber o desejo a partir de uma carência, de uma negação e de uma exterioridade – desejamos o que não temos, o que precisaria vir de fora, para nos preencher, nos completar.

Confesso que essas questões a respeito do desejo provocam perplexidade. Chego a pensar na possibilidade de visualizar um ponto de partida e um outro de chegada, e, unindo os dois, a linha de um movimento. Como se houvesse um sujeito e um objeto do desejo, atados pela atuação de uma energia que se desprende do primeiro e alcança o último, antes de retornar ao ponto de partida. Mas, imediatamente, tropeço num obstáculo, enorme

---

1 Texto apresentado no seminário O Desejo, organizado pelo Núcleo de Estudos e Pesquisas da Funarte, e publicado no volume *O desejo*, sob a coordenação de Adauto Novaes (São Paulo: Companhia das Letras, 1990, pp. 209-20).

como uma impossibilidade. Pois se o desejo de Um é o desejo do Outro, se eu desejo o teu desejo, como é possível desejar? Como pode a energia desejante se desprender de uma carência? Como pode apropriar-se de algo que só o outro possui, e voltar, trazendo a sua presa? Com que forças? E o desejo do Outro, desejo supostamente pleno, inteiro, a ponto de suscitar o meu, de onde tira a sua potência? Também da carência, da insuficiência? E como posso ter começado a desejar o desejo do Outro, se, para fazê-lo, a apropriação do seu desejo pelo meu já precisava ter ocorrido?

Não há como compatibilizar a existência de um movimento impetuoso com a dos polos Um/Outro. Em se tratando de desejo, suspeito que não cabem polarizações. E se elas cabem, talvez não caiba o desejo.

O

Esse modo de conceber o desejo, e de vivê-lo, engendra o sofrimento. Na dualidade Um/Outro, Eu/Tu, se denuncia a procura da harmonia por um caminho que jamais poderá conduzir a ela.

O problema está na própria formulação – "O desejo de Um é o desejo do Outro" – e em tudo que a sustenta. A saber: a ausência de transcendência, a perda da fé, a dessacralização do mundo; e, com o rompimento de uma experiência religiosa da vida, o surgimento da dúvida, terrível, que assalta e paralisa.

Antes do par Um/Outro, houve o *Ser ou não ser*. A dúvida que irrompe na tragédia clássica sinaliza o que aconteceu: os deuses se calaram, o próprio deus-homem foi o deus do fim, como descobrirá Hölderlin mais tarde, e o homem foi entregue a si mesmo, às suas forças.

O homem entregue a si mesmo é o que vemos nas tragédias de um Corneille e de um Racine. Ali, diferentemente da tragédia grega, onde os desígnios dos deuses fazem a fortuna e o infortúnio dos homens, estes sofrem em consequência de seus próprios atos e palavras. Teatro eminentemente mundano, a tragédia clássica trata das paixões e dos desejos que animam os homens e os atormentam. São paixões e desejos indubitáveis; quero dizer que se revelam nos homens de modo irrefutável, que se revelam para eles como dimensão humana até então insuspeitada; e por isso os transfiguram. Nesse sentido, os seres dessas tragédias não têm paixão ou desejo, mas, antes, são paixão, são desejo. Basta lembrar, por exemplo, a presença de Tito, na peça de Racine. O imperador romano hesita, dilacerado, entre duas paixões que o assolam: o amor por Berenice e o amor pela glória. Mas em nenhum momento Tito duvida de si mesmo – como a razão do coração e a *raison d'État* são duas paixões irreconciliáveis, o conflito terá de ser resolvido pela vitória de uma delas.

Ora, não é isso o que acontece com Hamlet. Aqui, a dúvida atroz surge como uma trinca no próprio ser do homem. Entregue às suas forças, o homem acaba perdendo a fé em si mesmo. Ficam a carne, o pensamento... e o sofrimento que o pensamento inflige à carne.

Vejamos o que diz Hamlet, na tradução de Millôr Fernandes:

Ser ou não ser – eis a questão.
Será mais nobre sofrer na alma
Pedradas e flechadas do destino feroz
Ou pegar em armas contra o mar de angústias –
E, combatendo-o, dar-lhe fim? Morrer; dormir;
Só isso. E com o sono – dizem – extinguir

Dores do coração e as mil mazelas naturais
A que a carne é sujeita; eis uma consumação
Ardentemente desejável. Morrer – dormir –
Dormir! Talvez sonhar. Aí está o obstáculo!
Os sonhos que hão de vir no sono da morte
Quando tivermos escapado ao tumulto vital
Nos obrigam a hesitar: e é essa reflexão
Que dá à desventura uma vida tão longa.
Pois quem suportaria o açoite e os insultos do mundo,
A afronta do opressor, o desdém do orgulhoso.
As pontadas do amor humilhado, as delongas da lei,
A prepotência do mando, e o achincalhe
Que o mérito paciente recebe dos inúteis,
Podendo, ele próprio, encontrar seu repouso
Com um simples punhal? Quem aguentaria fardos,
Gemendo e suando numa vida servil,
Senão porque o terror de alguma coisa após a morte –
O país não descoberto, de cujos confins
Jamais voltou nenhum viajante – nos confunde a vontade,
Nos faz preferir e suportar os males que já temos,
A fugirmos para outros que desconhecemos?
E assim a reflexão faz todos nós covardes.
E assim o matiz natural da decisão
Se transforma no doentio pálido do pensamento.
E empreitadas de vigor e coragem,
Refletidas demais, saem de seu caminho.
Perdem o nome de ação.[2]

"Ser ou não ser." Rompida a experiência religiosa da vida e do mundo, rompeu-se também a integridade do homem – agora, o que o faz sofrer é a sua mente, não as suas paixões,

---

2 William Shakespeare, *Hamlet*, p. 88.

os seus desejos, os seus atos. O que o faz sofrer é a sua desconfiança, é a incapacidade de decidir e de agir, é o esgotamento de todas as suas forças na interminável tentativa de pensar uma saída para o dilema: o que o aflige é sentir-se condenado a se consumir infinitamente numa condição impossível.

"E é essa reflexão que dá à desventura uma vida tão longa", diz Hamlet. Se o pensamento é torturante, não será portanto através dele que poderemos dirimir a dúvida. Onde encontrar então uma saída para o impasse, como silenciar um pensamento que parece autonomizar-se e trabalhar contra o homem à medida que a fenda vai se ampliando?

Uma das possíveis tentativas de resposta é a de Blaise Pascal. Como o herói shakespeariano, o filósofo do século XVII também se encontra nas malhas da dúvida. No pensamento *229 dos *Pensamentos* podemos ler:

> Eis o que vejo e o que me perturba. Olho para todos os lados e por toda parte só vejo obscuridade. A natureza não me oferece nada que não seja objeto de dúvida e de inquietação. Se eu não visse nada que assinalasse uma Divindade, optaria pela negativa; se em toda parte percebesse um sinal da presença do Criador, descansaria em paz na fé. Mas, vendo de mais para negá-lo, e de menos para afirmar com segurança, sinto-me num estado lamentável no qual desejei cem vezes que, se um Deus sustenta essa natureza, ela o apontasse sem equívoco; e que, se as marcas que dele nos dá são enganosas, que as suprimisse por completo; que dissesse tudo ou nada, a fim de que eu visse o partido a ser tomado. Ao passo que, no estado em que estou, ignorando o que sou e o que devo fazer, não conheço nem minha condição nem meu dever. Meu

coração tende inteiro a perceber onde se encontra o verdadeiro bem para segui-lo; nada me seria demasiado caro ante a eternidade.

Invejo os que vivem negligentemente em sua fé, e empregam tão mal um dom de que eu faria, creio, uso bem diferente.[3]

Tudo é matéria para dúvida e para inquietação. Ah, se a natureza demonstrasse de uma vez por todas a existência de Deus! Ah, se trouxesse a certeza da revelação! Mas a natureza permanece muda para os homens de pouca fé. Como Hamlet, Pascal sente a falta de fé, desconfia, percebe a trinca. Mas, em vez de exclamar "Ser ou não ser", em vez de interiorizar o dilema excruciante, em vez de subjetivá-lo, o filósofo vai exteriorizá-lo, vai objetivá-lo, postulando: "Deus é, ou não é".

A dúvida não pode ser solucionada pela natureza, pois ela não se declara pelo tudo ou nada; mas também não o pode ser pela razão, pois Deus é impensável – Deus, diz Pascal, "é infinitamente incompreensível". Qual o interesse, então, de se postular se "Deus é, ou não é"?

A razão não pode escolher de que lado pender. No entanto, a razão tem todo interesse em apostar na existência de Deus. Uma vez expresso o postulado, todo o restante do pensamento 233, dedicado ao *Infinito* e ao *Nada*, desenvolve a célebre demonstração da necessidade de apostar que Deus é. Ali, o inventor da roleta e da pascalina, essa máquina de aritimética ancestral da calculadora e dos engenhos digitais, faz o seu jogo; literalmente: *faz a sua fé*.

Ora, fazer fé, apostar, é escapar da razão, de suas malhas, de sua dúvida. Apostar... é salvar-se.

---

3 Blaise Pascal, *Pensées*, pp. 133-4.

O

"Ser ou não ser. Eis a questão." O que teria isto a ver com o desejo, o desejo de Um e o desejo do Outro? A resposta só pode ser: tem tudo a ver. Pois como posso desejar se desconfio de mim, se nem sei se sou? É evidente que a questão *Ser ou não ser* bloqueia totalmente o fluxo do desejo. Como posso desejar, se não consigo parar de pensar? Como posso desejar, se estou o tempo todo a duvidar?

Suponhamos que alguém se coloca a questão hamletiana; e suponhamos ainda que essa questão se agrava e se amplia na medida em que ser ou não ser depende se Deus é, ou não é; suponhamos enfim que esse alguém só possa ser se Deus não for, só possa fazer fé em si mesmo se não fizer fé em Deus. É óbvio que não poderá enveredar pela saída de Pascal, não poderá apostar; ou, então, deverá apostar que Deus não é, e arcar com as consequências. Esse alguém é Isidore Ducasse, Conde de Lautréamont, o autor dos *Cantos de Maldoror* e das *Poesias*.

Quando se aposta que Deus é, é um jogo; quando se aposta que Deus não é, é uma guerra – que se trava no corpo e na mente do apostador. A afirmação pode soar exagerada aos ouvidos contemporâneos, que muitas vezes ignoram o que é o sagrado e pensam tolamente que tudo isso está ultrapassado; Lautréamont, porém, escreve antes de Nietzsche anunciar a morte de Deus, pagando um preço altíssimo. Mas deixemos de lado o filósofo-poeta. Importa que a guerra campeia no corpo e na mente de Isidore Ducasse, o poeta-filósofo; e que a poesia é o registro dessa guerra. Como ele mesmo escreve, em carta ao editor Verbroeckhoven: "há uma imensa dor em cada página".

Ducasse é um homem do século XIX, uma época em que a peça de Shakespeare obtém grande repercussão, como lembra Yves Bonnefoy,[4] uma época na qual a dúvida hamletiana já chegou aos estertores, atingiu os limites da caricatura, adquiriu os contornos da histeria. Que se pense nos versos de "A Beatriz", de Baudelaire, onde o poeta surge como "essa sombra de Hamlet imitando sua postura". Que se pense em tantos poemas das *Flores do mal*. Ducasse, porém, não é um homem moderno como Baudelaire; é um clássico entre os modernos, é um homem do século xvii em pleno século xix. Não porque tenha sido influenciado pelas "ideias" dos Seiscentos, através das leituras – é claro que ele é leitor de Shakespeare, de Racine, de Pascal: mas não são as referências que contam. Ducasse é clássico não porque esteja fora do tempo, mas porque sente que, desde o século xvii, desde que irrompeu a dúvida, o tempo é que anda fora dos eixos, "desnorteado", como diz Hamlet. Ducasse é clássico porque não se conduz como seus contemporâneos, não se compraz no mal que o atinge, não faz da dúvida um drama, não se lamenta. É clássico porque não explora os efeitos da ruptura do homem, mas experimenta as suas causas. É clássico porque é homem de brio, não faz cena, não se fixa na imagem da autocomiseração. Não há teatro do sofrimento, há luta, guerra.

"Ser ou não ser"; "Deus é, ou não é". Na guerra que se trava na mente e no corpo do poeta se decide a sorte do desejo.

○

Voltemos à frase que abriu estas considerações. O psicanalista diz: "O desejo de Um é o desejo do Outro". E lembremos que o Outro é o Absoluto.

4 Yves Bonnefoy, "Readiness, Ripeness: Hamlet, Lear".

Como ouvir tal enunciado? Se desejamos o que nos falta, ao desejarmos o desejo do Outro, desejamos a sua potência. Isto implica que sejamos ou nos sintamos impotentes. Mas fica um problema: com que potência desejar o desejo de Outro?

Consideremos uma segunda possibilidade – aquela em que não desejamos o que nos falta, e sim o que já temos. Neste caso, a frase "O desejo de Um é o desejo do Outro" significaria que a nossa potência é da mesma natureza que a potência do Absoluto, que a nossa potência é, digamos, divina; portanto, não precisamos aspirar pelo Absoluto, pois ele já está em nós. Ora, o problema de ser ou não ser ocorreu precisamente porque a dessacralização impõe uma separação e uma oposição entre o homem e o Absoluto; assim, a potência ou é humana, ou é divina; assim, o desejo de um não pode ser o desejo do Outro, o desejo de Um não pode partilhar do desejo do Outro. Pois o que aconteceria se o desejo de Um fosse satisfeito? Ele obteria o desejo do Outro, portanto a sua potência. Nesse caso, Um seria o Outro, Um seria o Absoluto, o onipotente. E o Outro, obviamente, passaria a ser Um, isto é impotente. Por isso "Ser ou não ser" depende se "Deus é ou não é".

É tudo ou nada. Mas não é um jogo. É uma guerra desencadeada pela oscilação do pensamento que faz a mente crivar incessantemente o homem com perguntas: Como posso ser potente, se Deus é onipotente? Como Um pode desejar o desejo do Outro, se o Outro, em sua onipotência, deseja a impotência de Um?

O

Está-se vendo o quanto a polarização Um/Outro problematiza o desejo, é fonte de impotência. Agora o homem não precisa mais morrer, ou ser transportado, como Dante na *Divina comédia*, para conhecer intimamente o inferno. O inferno que encontramos nos *Cantos de Maldoror* e em *Uma temporada no inferno*. O inferno de Lautréamont e o de Rimbaud.

É importante chamar a atenção para a enorme distância que separa esses dois jovens poetas, apesar de eles formularem quase ao mesmo tempo duas saídas para a dúvida hamletiana que, a meu ver, ainda continuam insuperadas.

Com efeito, justo antes da guerra franco-prussiana e de seu desdobramento, a Comuna de Paris, Lautréamont vai escrever, no Canto Quinto dos *Cantos de Maldoror*:

> Se existo, não sou um outro. Não admito em mim esta equívoca pluralidade. Quero residir sozinho em meu íntimo raciocínio. A autonomia... ou então, que me transformem em hipopótamo. Precipita-te sob a terra, ó anônimo estigma, e não reapareças diante da minha indignação desvairada. Minha subjetividade e o Criador, é demais para um cérebro só.[5]

Por sua vez, no mesmo momento em que os trabalhadores de Paris estão sendo massacrados, Rimbaud vai escrever, em carta a Georges Izambard:

---

5 *Si j'existe, je ne suis pas un autre. Je n'admets pas en moi cette équivoque pluralité. Je veux résider seul dans mon intime raisonnement. L'autonomie... ou bien qu'on me change en hippopotame. Abîme-toi sous terre, ô anonyme stigmate, et ne reparais plus devant mon indignation hagarde. Ma subjectivité et le Créateur, c'est trop pour un cerveau.*

Atualmente, estou me acanalhando ao máximo. Por quê? Quero ser poeta, e trabalho para tornar-me *vidente*: o senhor não conseguiria entender, e eu quase não posso explicar-lhe. Trata-se de chegar ao desconhecido através do desregramento de *todos os sentidos*. O sofrimento é enorme, mas é preciso ser forte, ter nascido poeta, e eu me reconheci poeta. Não é culpa minha. Dizer: Eu penso, é falso; dever-se-ia dizer: pensam-me. Perdoe-me o jogo de palavras.

EU é um outro. Se a madeira se descobre violino, pior para ela, e azar dos inconscientes, que chicanam o que ignoram totalmente!

Dois dias depois, em carta a Paul Demeny, Rimbaud acrescenta à sua formulação: "Pois, eu é um outro. Se o cobre desperta como clarim, a culpa não é sua. Considero isto evidente: assisto à eclosão de meu pensamento: eu o vejo, eu o escuto: desfiro um toque de arco: a sinfonia se agita nas profundezas, ou invade, num salto, a cena".

"Se existo, não sou um outro", avança Lautréamont. "Eu é um outro", contrapõe Rimbaud. É patente que estamos diante de caminhos diversos, que o desejo vai tomar direções e sentidos diferentes, seguindo uma ou outra via.

A resposta de Rimbaud para o "Ser ou não ser" indica, com certeza, um agravamento da crise, um aprofundamento da divisão do homem, uma ampliação da fenda. Não é por acaso que o poeta preconiza: sejamos absolutamente modernos! Hamlet queria silenciar o pensamento torturante, Pascal queria escapar dele e salvar-se; Rimbaud quer apreciar o espetáculo monstruoso que a dúvida produz. Rimbaud é aquele que extrai um gozo inefável de sua própria divisão, de seu próprio desdobramento. É o caminho perverso de quem diria: não se trata de "Ser ou não ser", nem mesmo de vincular a dúvida à questão "Deus é, ou não é"; trata-se de ser não sendo, de intensificar infinitamente a contradição. Pois tal intensificação cria visões poéticas, é fonte de coisas inauditas e inomináveis. Sou, não sendo. É que quando penso "Eu sou", não sou eu quem pensa. A dissociação leva-me a assistir à eclosão do pensamento: eu o olho, eu o escuto. Quem sou eu, que atuo sobre ele, que interfiro, que o animo? Eu é um outro, é aquele que vê, eu é o *voyeur*, o visionário que busca o desconhecido no desregramento dos sentidos, na louca aceleração da desarmonia entre corpo e mente.

O desejo de Isidore Ducasse não busca esse gozo perverso. Apesar de todas as aparências em contrário, Lautréamont não é o grande sacerdote do mal. "Se existo, não sou um outro. Não admito em mim esta equívoca pluralidade. [...] Minha subjetividade e o Criador, é demais para um cérebro só". Aqui, a dúvida hamletiana persiste; no entanto, em vez de precipitar o desejo nas delícias de ser não sendo, se apresenta como carga excessiva que curto-circuita o desejo.

Assim, todo o problema consiste em desfazer-se dessa carga para encontrar a autonomia. Mas como livrar-se da carga que produz impotência – "impotência radical", escreve Lautréamont por duas vezes só no Canto Quinto?

A grande descoberta de Ducasse, que será feita ao longo dos *Cantos de Maldoror*, é que o desejo pode desinvestir a dualidade Eu/Outro. Os cantos do mal da aurora, os seis cantos que Lautréamont entoa com voz mais e mais potente, são o canto do desejo convertendo a guerra em renascimento. E isso faz de seu livro um acontecimento talvez único na literatura. Como se tivéssemos nas mãos o registro de uma experiência que, superando o tormento do herói shakespeareano, inaugura uma possibilidade nova, opera uma passagem para uma outra vida.

O

Lautréamont sofre de impotência. Seu desejo está comprometido pela dúvida. Entretanto há uma espécie de trepidação que faz com que o desejo pareça girar em falso, em moto-contínuo. E essa trepidação é irredutível, é inegável. Onde localizá-la: no corpo? Na mente? A quem atribuí-la: ao Um? Ao Outro? À subjetividade do homem? Ao Criador, esse "Grande Objeto Exterior"?

A trepidação parece ser animal, parece coisa do instinto, parece resistir ao pensamento, que não consegue eliminá-la. Mas se é de natureza animal, se é o animal no homem, por que o desejo permanece contido em vez de explodir no ato, em vez de passar às vias de fato?

Tem-se a impressão de que o desejo precisa ficar latente, latejando, sem concretizar-se. Acuado pelo pensamento, alvejado pela dúvida toda vez que um movimento começa a se fazer perceptível, o desejo não ousa, e se traduz em horror – horror intenso do sofrimento que o Criador causa no homem, mas também horror do homem, que se vinga arquitetando o sofrimento alheio. A guerra no corpo e na mente gera impotência e horror. O horror é a possibilidade do desejo.

Antes porém que o horror se manifeste explicitamente, ainda nos primeiros cantos, a trepidação do desejo se consumirá em fúria, ódio e sede de vingança. Com efeito, é como se Lautréamont acreditasse na possibilidade de superar a dúvida paralisante imaginando os maiores crimes e sacrilégios, as transgressões mais desenfreadas. Mas já no Canto Terceiro o poeta começa a perder o entusiasmo pelas luxuriantes imagens do mal, e a deslocar a sua atenção para o próprio processo de geração de imagens. E percebe que elas nascem do "transbordamento tempestuoso de um amor que decidiu não saciar sua sede junto à raça humana. Amor esfomeado, que devoraria a si mesmo, se não buscasse seu alimento em ficções celestes".[6]

Como Rimbaud, Lautréamont torna-se então espectador das visões que a desarmonia faz eclodir no pensamento: "Mas... silêncio! a imagem flutuante do quinto ideal delineia-se lentamente, como as ondulações indecisas de uma aurora boreal, sobre o traçado vaporoso da minha inteligência, e assume cada vez mais uma consistência definida...".[7] Como Rimbaud, Lautréamont tem visões poéticas. E o que vê é a imagem da amizade fugindo do olho humano; é a imagem da louca, cujo sofrimento levou sua inteligência a ser destruída pelo turbilhão das faculdades inconscientes; é a imagem do homem perseguido pela imagem religiosa e de seu combate apocalíptico com ela; é a imagem da embriaguez do Criador; é a imagem da devassidão criminosa do Onipotente no convento-bordel.

O

Terminado o Canto Terceiro, Lautréamont já não devora furiosamente as imagens; tampouco o delicia o espetáculo da eclosão do pensamento; o processo de geração de imagens estampa brutalmente a sua matriz: a impotência e o horror. É quando o poeta intui que o seu desejo não

---

6 [...] *débordement orageux d'un amour qui a résolu de ne pas apaiser sa soif auprès de la race humaine. Amour affamé, qui se dévorerait lui-même, s'il ne cherchait sa nourriture dans des fictions célestes* [...]

7 *Mais... silence ! l'image flottante du cinquième idéal se dessine lentement, comme les replis indécis d'une aurore boréale, sur le plan vaporeux de mon intelligence, et prend de plus en plus une consistance déterminée...*

se exerce como movimento de atração e de ataque, mas como movimento de repulsa e de defesa. E então, em estado de choque, ele se imobiliza.

> É um homem ou uma pedra ou uma árvore que vai começar o quarto canto. Quando o pé escorrega numa rã, experimenta-se uma sensação de nojo; mas quando apenas se aflora o corpo humano com a mão, a pele dos dedos se fende, como as escamas de um bloco de mica quebrado a marteladas: e, tal como o coração de um tubarão morto há uma hora ainda palpita na ponte do navio, com uma vitalidade tenaz, assim nossas entranhas se revolvem de alto a baixo, por muito tempo após o contato. Tanto horror o homem inspira a seu próprio semelhante! Talvez, quando afirmo isso, eu me engane; mas também, talvez, diga a verdade. Conheço, imagino uma doença mais terrível do que os olhos inchados pelas longas meditações sobre o caráter estranho do homem: mas ainda a procuro... e não consegui encontrá-la![8]

Esse começo do Canto Quarto, tão impressionante em sua precisão, revela a existência de uma doença que mais tarde Elias Canetti vai chamar de "fobia do contato"

---

8 *C'est un homme ou une pierre ou un arbre qui va commencer le quatrième chant. Quand le pied glisse sur une grenouille, l'on sent une sensation de dégoût ; mais, quand on effleure, à peine, le corps humain, avec la main, la peau des doigts se fend, comme les écailles d'un bloc de mica qu'on brise à coups de marteau ; et, de même que le coeur d'un requin, mort depuis une heure, palpite encore, sur le pont, avec une vitalité tenace, ainsi nos entrailles se remuent de fond en comble, longtemps après l'attouchement. Tant l'homme inspire de l'horreur à son propre semblable ! Peut-être que, lorsque j'avance cela, je me trompe ; mais, peut-être qu'aussi je dis vrai. Je connais, je conçois une maladie plus terrible que les yeux gonflés par les longues méditations sur le caractère étrange de l'homme : mais, je la cherche encor... et je n'ai pas pu la trouver !*

– doença-chave para entendermos a formação das massas e sua entrada decisiva no cenário político do século xx. Aqui, neste momento dos *Cantos*, sua importância é crucial, pois modifica a nossa percepção da violência e da maldade expressas na poesia. É que começamos a nos dar conta de que o movimento de ataque imaginado significa, principalmente, um real movimento de defesa. Tudo o que afeta Lautréamont o fere; todo contato suscita repulsa. Mobilizado para a defesa, o desejo se afirma primeiro através do horror e da rejeição, o desejo quer tirar o corpo fora. Parece, então, que antes da eclosão do pensamento, antes portanto da dúvida que transtorna a mente, há a certeza de uma doença se anunciando concretamente, e fisicamente, de modo fulminante. Doença inencontrável.

O poeta está doente de si mesmo. Ele sofre tremendamente porque tem medo de sofrer; e quanto maior o medo, maior o sofrimento. Ducasse é homem e, como homem, quer amar; mas não pode aproximar-se de ninguém, não pode tocar num corpo – virá a reação de horror e a sensação de impotência. Que importa, agora, se esta fobia do contato vai acionar um gesto imaginário de ataque, para compensar a dor e a frustração?

O fato de Lautréamont não se deliciar mais com a compensação, o fato de desinvestir a perversão, merece ser destacado. É importante observar que, nos *Cantos* o gesto de Maldoror, gesto de ataque, se manifesta tão instantaneamente quanto a reação fóbica ao contato: ambos são bestiais, têm a rapidez do instinto animal. Mas também interessa notar que a crueldade do ataque vai perdendo a convicção ao longo dos cantos, à medida que o desejo não se projeta na agressão imaginária. Não encontrando compensação na loucura escrita, não fazendo do prazer sadomasoquista imaginado um *Ersatz* do gozo, Lautréamont não só separa-se de Rimbaud como abre para o desejo uma possibilidade extraordinária: a da redenção da potência, fora do registro da neurose e da perversão.

De estrofe em estrofe, o poeta vai projetando cada vez menos; e vai deixando aflorar a realidade da impotência, a realidade de um movimento em que se deseja não desejar, em que se busca conter o desejo precisamente para salvá-lo, para impedir que ele se transforme em desejo de morte, de si ou de outrém, em empresa de aniquilamento. Nesse sentido, a impotência surge positivamente: não como sinônimo de ausência de potência, mas sim como a pureza desta, a sua presença plena, embora comprometida. É como se o desejo tivesse sido tomado por algum encantamento e fosse preciso desencantá-lo.

o

Tomando o doloroso partido da impotência e da fobia do contato, Lautréamont se esforça para desencantar o desejo. Nessa procura, sua referência e sua meta são o instinto animal. Ah, que liberdade! Ah, se fosse possível ao desejo ter o automatismo do instinto! Ah, se o corpo respondesse ao chamado das solicitações exteriores como o de um animal! Invertendo a direção dos contos de fadas, Lautréamont busca o desencantamento através da transformação do homem em bicho. A metamorfose – a saída é a metamorfose.

Não deixa de ser curioso constatar o contraste que se esboça quando nos lembramos de uma outra metamorfose, quando comparamos as metamorfoses dos *Cantos* com a de Gregor Samsa. Em Lautréamont, o horror é não poder virar bicho; em Kafka, é sofrer a transformação; lá, ser humano é uma tortura; aqui, ser inseto é uma agonia; lá, quando a tarântula desponta no quarto e o poeta exclama: "Não estamos mais na narrativa", é para soar a hora da libertação; aqui, quando o inseto acorda no quarto, é para instaurar a ordem densa e sufocante da condenação. No entanto, há um parentesco muito forte entre Lautréamont e Kafka: em ambos, a linguagem não é refletida, não é metafórica, é fiel à experiência da afecção, segue o seu desenrolar, por mais desarrazoado que seja, por mais absurdo que pareça. Para o poeta, tanto quanto para o escritor, o fundamental não é criar imagens significativas, é ater-se ao registro do que afeta e do que é afetado, e com que intensidade. Assim, na metamorfose, o que conta sobremaneira não é a mudança de forma, é o tipo de vibração que passa a vigorar e a tomar corpo – e as palavras do texto só se justificam por fazerem ressoar a nova vibração.

Ora, precisamente porque a metamorfose é uma questão de vibração que toma corpo, a transformação do homem em bicho é sempre restrita e provisória. O homem pode sentir e agir como bicho, no limite pode ser o bicho, como o bosquímano é o antílope, é o avestruz, mas sempre sendo ao mesmo tempo ele próprio, antes, durante e depois da transformação.

Não é difícil entender o que estou dizendo: basta perceber que metamorfose é sintonia. Canetti descreve com maestria o que é a experiência da metamorfose dos bosquímanos, que sentem na própria nuca a picada do inseto no pescoço do avestruz, que sentem na comichão dos pés o atrito das patas do antílope próximo. Canetti afirma:

> Eles sentem em seu corpo a iminência de certos acontecimentos. Uma espécie de palpitação de sua carne lhes fala e os informa. Como dizem, as letras de seu alfabeto

estão em seu corpo. Essas letras falam e mexem e determinam seus próprios movimentos. Um homem impõe silêncio aos outros e fica quieto quando sente palpitações em seu corpo. O pressentimento diz a verdade.

O pressentimento é o esboço, o início da metamorfose. Acolhido, respeitado, ele abre as portas à identificação de um corpo com outro. Identificação singular: não se é o outro para se renunciar a si mesmo, não se abandona a própria pele para entrar na pele do outro: o homem sente sua pele transformar-se em pele de antílope, mas ela continua sendo a sua própria. Canetti observa:

> O corpo de um só e mesmo bosquímano torna-se o corpo de seu pai, de sua mãe, de um avestruz, de um antílope. É de extrema importância que ele possa ser todos esses corpos, em momentos diferentes, para sempre tornar a ser ele próprio. As metamorfoses que se seguem alternam segundo as ocasiões. São metamorfoses nítidas: cada criatura da qual sente a aproximação permanece o que ela é. Ele as mantém separadas, senão elas não teriam sentido algum.

Assim, o pai não é a mulher, o avestruz não é o antílope. Canetti conclui: "A identidade pessoal, à qual o bosquímano sabe renunciar, permanece afirmada na metamorfose. Ele pode ser isto ou aquilo, mas isto permanece distinto daquilo, pois no intervalo sempre torna a ser ele próprio".

Na metamorfose o homem não se torna portanto um prisioneiro do instinto e de seu automatismo, como o animal. O homem se torna animal silenciando, concentrando-se no pressentimento, acolhendo a palpitação da carne, ouvindo a linguagem do corpo, renunciando à polarização Eu/Outro, sintonizando a vibração do bicho.

O

Imóvel, tomando o doloroso partido da impotência e da fobia do contato. Lautréamont se esforça para desencantar o desejo. E descobre que não adianta querer ser animal: é preciso poder sê-lo; mais ainda: ele, que sintoniza espantosamente o movimento instintivo do bicho em tantas situações, não consegue sintonizá-lo quando o ato é sexual. Aos poucos, porém, a própria palpitação da carne vai lhe contando por quê; aos poucos a trepidação do desejo, girando em falso, lhe diz por que a sintonia, o contato, se expressam como ruptura de sintonia, fobia do contato. E então os cantos se abrem de modo deslumbrante, como a flor do lótus, flor do pântano, se abre à noite, revelando a luz.

Imóvel, em silêncio, Ducasse aprende que a sintonia sexual e o desencantamento do desejo exigem a renúncia da identidade pessoal, renúncia que ele próprio já pratica no seu contato com os animais. O poeta pressente que o que interfere na sintonia não é apenas o Outro, o Onipotente, o Grande Objeto Exterior; tanto quanto ele, interfere o Eu. Na verdade, o obstáculo é a oposição Eu/Outro, a dualidade.

Renunciando à identidade pessoal, renunciando à polarização Eu/Outro, Lautréamont vai deixando Hamlet para trás. O pensamento já não atormenta; o fragor da guerra vai se acalmando. Até que o desejo trepida no vazio, mas não mais em falso; o desejo trepida na plenitude do vazio, no vazio purificado do Eu e do Outro. O desejo é trepidação de abertura.

A palpitação da carne se faz mais veemente. O corpo fala, mas o corpo é espírito. Como o próprio Lautréamont percebe, há o organismo corporal com suas ramificações de nervos e suas membranas mucosas, e há o princípio espiritual que preside às funções fisiológicas da carne.

Ouvida, acolhida, a palpitação da carne opera a metamorfose. Na metamorfose o princípio espiritual se realiza, encarna, instaurando a harmonia. Na metamorfose não há sublimação nem dessublimação. Na metamorfose o desejo é trepidação de abertura do sublime.

O

Isidore Ducasse morreu aos 24 anos. Além dos cantos do mal da aurora, deixou um prefácio a um livro futuro, que não chegou a acontecer. Mas ali, como epígrafe das *Poesias*, o poeta escreveu, pôde escrever: "Substituo a melancolia pela coragem, a dúvida pela certeza, o desespero pela esperança, a maldade pelo bem, as queixas pelo dever, o ceticismo pela fé, os sofismas pela frieza da calma e o orgulho pela modéstia".[9]

---

9 *Je remplace la mélancolie par le courage, le doute par la certitude, le désespoir par l'espoir, la méchanceté par le bien, les plaintes par le devoir, le scepticisme par la foi, les sophismes par la froideur du calme et l'orgueil par la modestie.*

Recomeço

Oito meses antes de morrer, em sua última expressão escrita que chegou até nós, Isidore Ducasse escreveu, a 12 de março de 1870, numa carta:

> Fiz publicar um livro de poemas [...] Era algo no gênero do *Manfred* de Byron e do *Konrad* de Mickiewicz, e no entanto bem mais terrível [...] Mas tudo foi por água abaixo. O que me fez abrir os olhos. Eu me dizia que se a poesia da dúvida [...] chega assim a tal ponto de desespero morno, e de maldade teórica, consequentemente é porque é radicalmente falsa; pela simples razão de que *nela se discutem os princípios, e que não se deve discuti-los*: é mais do que injusto. Os gemidos poéticos deste século não passam de sofismas horrorosos. Cantar o tédio, as dores, as tristezas, as melancolias, a morte, a sombra, o sombrio etc. é não querer ver, por toda força, senão o pueril reverso das coisas. [...] Choramingar sempre. Eis por que mudei completamente de método, para cantar exclusivamente *a esperança, a calma, a felicidade, o dever*. E é assim que reato com os Corneille e os Racine a cadeia do bom senso, e do sangue-frio, bruscamente interrompida desde os pedantes Voltaire e Jean-Jacques Rousseau.[1]

---

1 *J'ai fait publier un ouvrage de poésies [...] C'était quelque chose dans le genre du Manfred de Byron et du Konrad de Misçkiewicz, mais, cependant, bien plus terrible. [...] Mais, le tout est tombé dans l'eau. Cela me fit ouvrir les yeux. Je me disais que puisque la poésie du doute [...] en arrive ainsi à un tel point de désespoir morne, et de méchanceté théorique, par conséquent, c'est qu'elle est radicalement fausse ; et par cette raison qu'on y discute les*

Há muitas portas de entrada para se tentar captar o espírito da poesia de Isidore Ducasse, para sempre também Conde de Lautréamont. De certo modo, pode-se dizer que cada texto inspirado por sua obra que tive a oportunidade ler não passa de uma explicitação dessa tentativa. Assuma ela a forma de uma interpretação crítica, de um depoimento, de uma ficção, de um poema, de um diagnóstico, ou de um retrato imaginário e de um roteiro cinematográfico. Há muitas portas, muitas formas.

Começar pela carta de 12 de março de 1870 ao banqueiro Darasse pode ser uma delas, tão válida quanto qualquer outra. Embora seja necessário assinalar desde já que foi através do comentário de uma carta comercial, feita por Artaud de dentro do hospício de Rodez, que se passou a ler as cartas de Ducasse com outros olhos.

Em sua "Lettre sur Lautréamont", Artaud chama a atenção para o que faz Isidore Ducasse ao escrever uma simples carta comercial: ele dissolve, com a poderosa sonoridade do canto, o aspecto comercial que congela a linguagem, fazendo-a voltar a palpitar na boca e nos ouvidos. Ocorre uma trepidação epileptoide do verbo, observa o autor de "O umbigo dos limbos". E, uma vez feita a revelação, ele passa a tecer considerações sobre o ódio que o poeta teria despertado nos burgueses, que

---

principes, et qu'il ne faut pas les discuter : *c'est plus qu'injuste. Les gémissements poétiques de ce siècle ne sont que des sophismes hideux. Chanter l'ennui, les douleurs, les tristesses, les mélancolies, la mort, l'ombre, le sombre, etc., c'est ne vouloir, à toute force, regarder que le puéril revers des choses.* [...] *Toujours pleurnicher ! Voilà pourquoi j'ai complètement changé de méthode, pour ne chanter exclusivement que* l'espoir, l'espérance, LE CALME, le bonheur, LE DEVOIR. *Et c'est ainsi que je renoue avec les Corneille et les Racine la chaîne du bon sens et du sang-froid, brusquement interrompue depuis les poseurs Voltaire et Jean-Jacques Rousseau.*

não o teriam perdoado por sua atividade subversiva, decidindo a sua morte.

Ducasse seria portanto aquele que restitui as palavras à vibração musical, que desfaz o caráter utilitário que as avilta, deixando a voz cantar sem freios, com todas as forças.

É claro que, se tomarmos a observação de Artaud como uma indicação do modo de se captar o espírito manifesto na poesia de Ducasse, e se resolvermos adotá-la, teremos de conseguir lê-lo como um canto cantado que escapa à poesia moderna, que deve se parecer mais com a ópera, atingindo-nos pela faculdade da audição.

Mas antes mesmo que o canto operístico desponte como termo de comparação e referência para os sentidos, a mente já se encarregara de lembrar o canto da poesia antiga, oral, canto de Homero. Dito e não escrito. E, imediatamente depois, de lembrar outros clássicos, mais recentes, da declamação harmônica e preciosa dos reis e dos heróis no teatro de Shakespeare, Racine e Corneille.

Há entretanto, ainda, uma quarta presença vocal, que a memória atualiza a partir da percepção desencadeada pela revelação de Artaud. É a do canto estranho dos povos primitivos, povoado de vozes, canto de invocação e prece, humano, e canto de manifestação de potências invisíveis – canto de xamã e de forças cósmicas que vêm se alojar em seu peito.

Todas essas quatro presenças sonoras do passado encorpam a voz de Isidore Ducasse. Evidentemente há também, em sua dicção, ecos de Baudelaire, Byron, Poe e dos modernos, de Vauvenargues e Pascal, de Dante e de São João de Patmos. Mas eles se apresentam mais como relativos ao que se diz, e não ao como se diz, ao movimento que toma conta da voz e lhe confere o timbre.

Há, enfim, a exclamação ora assustada, ora sarcástica, ora pedante, ora desconsolada, ora infantil, ora atormentada, ora voluntariosa e vingativa do sujeito moderno que reage à irrupção de todos esses cantos e se esforça para compreendê-los, isto é, abarcá-los. Sujeito cuja dicção é uma espécie de não canto, de sonoridade bruta, inculta, pura comoção que se faz sentir como grito, ruptura, corte, interrupção, como violência na modulação.

O

Pronunciando-se sobre uma carta comercial, datada de 21 de fevereiro de 1870, ao editor Verbroeckhoven, Artaud chama a atenção para a poderosa e subversiva sonoridade do canto. *Trepidação epileptoide do verbo*, diz o "criador" da *linguagem da crueldade*. O que ocorreria se concordássemos com ele e procurássemos ouvir a última carta de Ducasse nesse registro?

Muita gente lê as cartas de 21 de fevereiro e de 12 do março de 1870 como uma retratação de Isidore Ducasse e uma abjuração dos *Cantos de Maldoror*, longa e explicitamente elaboradas nas *Poesias I e II*; como um documento que comprova uma transformação determinada. E não faltou quem, como Michel Pierssens, visse nelas a chave para entender as verdadeiras intenções e os métodos de um poeta-filósofo conservador e reacionário, que calculadamente finge aprovar e promover o mal para, pelo temor, pregar o bem da moral conformista.

As cartas tratariam da retratação. Mas fica difícil acreditar numa retratação verdadeira ou fingida. Porque é difícil conciliá-la com a trepidação do verbo num canto. Ou melhor, parece ser até mesmo impossível. Se a retratação fosse verdadeira, a culpa seria o sentimento predominante. E a culpa não vibra, mas corrói. A culpa não poderia fazer vibrar a linguagem do modo como o fez na carta comercial, afetando Artaud. Carta que, aliás, foi escrita ao mesmo tempo que as *Poesias*, ou pouquíssimo tempo depois. E se a retratação fosse falsa, o sentimento predominante seria o orgulho. Ora não é a culpa nem é o orgulho que sopram nas cartas e nas *Poesias*. Nas cartas sopra a imperiosa necessidade de esclarecer a terceiros, em relação a quem Ducasse se encontra em posição desfavorável, o sentido da mudança que se opera entre os *Cantos* e as *Poesias*.

A necessidade de esclarecer faz com que a linguagem das cartas seja contida, com que a paciência se sobreponha, e todo o ânimo se volte para a remoção de um obstáculo de natureza material. A necessidade de esclarecer se depara com os empecilhos que bloqueiam a vida prática e impedem a poesia de se concretizar. A necessidade de esclarecer procura contornar as dificuldades, explicando. Mas uma explicação é sempre uma desculpa, obedece sempre a um impulso pueril. Nesse caso, pouquíssimo à vontade, a voz não canta, tenta convencer, justificar-se. E, quando isso acontece, o aspecto comercial da linguagem se restabelece, apagando o canto.

Não há, assim, como ouvir as explicações de Ducasse nas cartas do mesmo modo como Artaud ouviu a nota musical emitida na de 21 de fevereiro. A nota foi um lampejo de poesia, seguido do tom cansativo e sem corda da retórica da persuasão. Não deve ser portanto pelas declarações de princípios nelas impressas que se poderá conhecer o teor da mudança que se operou no espírito de Isidore Ducasse e, consequentemente, em sua poesia.

O

O que mais impressiona, depois que se leu e releu Lautréamont ao longo de dez anos, talvez não seja a impenetrabilidade de sua poesia, o fato de ela opor uma resistência tenaz e surda à leitura, uma resistência quase física, como já observou o escritor Maurice Blanchot, para quem a linguagem de Ducasse se configura como um bloco intransponível.

O que mais impressiona é a persistência de um mistério, que parece não querer entregar-se e que parece se opor a qualquer tentativa de decifração sistemática.

Será que a trajetória descrita pela poesia de Ducasse é definitivamente condenada ao hermetismo? Será que ainda não surgiu a disciplina capaz de iluminar um texto que porventura ambicione reverberar no contato com a obra e, ao mesmo tempo, render a ela o que lhe é devido?

Do que pude estudar e experimentar ao longo desses dez anos às voltas com Lautréamont, saio perplexo. Nesse período muita coisa foi tentada: a leitura e releitura cuidadosa dos melhores comentadores – Breton, Bachelard, Blanchot, Soupault, Miller, Ungaretti, Ponge; a análise dos acadêmicos – Kristeva, Pierssens, Perrone-Moysés; as interpretações psicanalíticas, como o estudo de Sollers; o comentário do comentário, como Deleuze e Guattari comentando a comparação que Bachelard estabelece entre Lautréamont e Kafka; as observações lacônicas de grandes autores sobre o efeito decisivo que o poeta produz em suas próprias vidas, como podemos ler em curtíssimas frases de Henri Michaux e Heiner Müller; o grande delírio de Artaud sobre a morte do poeta.

Além da leitura e releitura dos *Cantos* e das *Poesias* houve portanto muita leitura *sobre*. Que esclareceram muita coisa, chamando a atenção para a enorme riqueza da poesia de Ducasse-Lautréamont e, principalmente, para a potência dessas palavras que parecem conter a energia de uma realidade infinita, inesgotável e assombrosa.

Quando nos damos o trabalho de ler Lautréamont-Ducasse procurando impregnar-nos com o que é dito, sabemos, com aquela certeza que só um encontro íntimo com a verdade pode nos dar, que a realidade é sublime e que é possível ter palavras sublimes para dizê-la. Mais ainda: Lautréamont-Ducasse, através das forças que atuam em sua poesia, é capaz de despertar no leitor, unicamente pelo efeito da linguagem, uma transformação que abre para ele o acesso ao sublime. Lautréamont-Ducasse é, assim, capaz de comunicar a realidade do sublime.

Que energia é essa que nos toca como graça recebida, que nos rende e é silenciosamente sentida como mobilização de todo o ser? Que nos toma no momento em que exclamamos nosso espanto, à qual nos entregamos, e que nos traz a intensidade do supremo entendimento? E como corresponder ao amor imenso e atormentado pelo humano depositado em tantas páginas, à espera de que outros espíritos, amigos, o acolham?

Durante muitos anos, a atenção ficou detida numa pesquisa que procurava razões para explicar a existência dessa energia que faz a força da poesia de Ducasse-Lautréamont. Para explicar sua existência e seus efeitos. Tal pesquisa, evidentemente, exigia leituras e mais leituras de toda ordem. No entanto o pesquisador intuía que essas razões não se encontravam em livros de especialistas. Mas não acreditava em sua intuição, mesmo quando ela se via confirmada. Em vez de concentrar, a leitura desses livros dispersa e impõe a exigência de um saber enciclopédico infinito. Os especialistas, fossem eles consumados analistas de textos ou refinados teóricos versados nas questões de energia, não poderiam ser de grande auxílio por ignorarem por completo a dimensão do sublime, ou por fazerem dela uma ideia estereotipada. Os especialistas, pelo próprio fato de serem especialistas, se proíbem o acesso à realidade do sublime e à sua linguagem. Entre o movimento de conhecimento por eles realizado e a abertura para o sublime há incompatibilidade de métodos.

No entanto o pesquisador insistiu na via trilhada pelos especialistas, sem desconfiar de que para encontrar o que buscava precisava justamente deixar de ser pesquisador. Não se deve explicar o sublime, tentar encontrar suas razões, muito menos procurar analisá-lo. Não se deve querer demonstrar a existência da energia que atua na poesia de Ducasse-Lautréamont como uma coisa ou como um fenômeno apreensível através de uma construção intelectual.

Só há um modo de afirmar a existência da energia do sublime nos *Cantos* e nas *Poesias*: acolhendo o que se recebe e, por sua vez, dispensando-o aos outros, transmitindo-o. Correspondendo ao amor do humano irradiado por Ducasse-Lautréamont. E, por sua vez, amando.

о

Durante muito tempo o pesquisador se manteve imobilizado, sem o saber. É que para ele era impossível conceber a energia dos *Cantos* e das *Poesias* sem referi-la à energia que move o desejo, a energia libidinal, por Freud consagrada.

Considerar a energia poética como uma manifestação da energia libidinal leva a tomar toda a questão da potência e impotência problematizada nos *Cantos* como uma expressão de um desejo mal resolvido. Leva ainda, mesmo que inconscientemente, a ler a poesia seguindo os cânones do materialismo moderno para o qual o ponto de partida é uma energia sexual dessacralizada, uma espécie de realidade última a partir da qual se estrutura por deslocamento e condensação, por sublimação, um aparelho psíquico que comanda as venturas e desventuras do corpo e da mente.

Por muito tempo o pesquisador procurou ler a poesia de Ducasse-Lautréamont e entendê-la como um campo de batalha onde o desejo, em guerra contra as inibições e proibições impostas por um super-ego, tentava aflorar e fazer valer as suas prerrogativas. Por muito tempo o pesquisador considerou que a questão fundamental do poeta era o conflito entre o desejo de desejar e o desejo de não desejar – como se a energia libidinal se afirmasse ora positivamente, ora negativamente num eterno círculo vicioso alimentado pela existência de dois polos complementares e contraditórios – o da potência absoluta e o da impotência. Era como se a poesia de Ducasse-Lautréamont expressasse um dilema que torturava o poeta e o colocava numa condição impossível: amar absolutamente ou renegar o amor, isto é, odiar com todas as forças.

O paraíso e o inferno se configurariam então como a realização plena do amor ou do ódio, da comunhão ou da extrema separação. O paraíso e o inferno seriam um ou outro estado em que o movimento da energia sexual precipitaria o poeta sem que ele tivesse a menor condição de conduzir o processo. Como se a energia sexual fosse uma força divina que se justificasse no homem ao seu bel-prazer e o tornasse capaz ou não de agir, e o levasse obrigatoriamente a agir ou não. Como se o poeta fosse eternamente passivo, uma espécie de joguete nas mãos de um poder superior, divino e diabólico, dependendo do modo como, inexplicavelmente, este decidia se concretizar, levando ao êxtase ou a um sofrimento indizível.

Ducasse-Lautréamont seria, assim, uma espécie de escravo do desejo que luta para assenhorear-se dele, que tenta livrar-se do desequilíbrio em que a energia sexual o precipita. Mas é um erro considerar a energia atuante na poesia de Ducasse-Lautréamont como energia libidinal, manifestando-se tanto no plano da expressão quanto no do conteúdo. É um enorme erro de avaliação.

No entanto, é preciso lembrar que não se percebe facilmente o erro porque os avatares do desejo são, para nós, modernos, tão onipresentes quanto o ar que respiramos. Num universo totalmente dessacralizado e profanado, universo da matéria, do cálculo e do interesse, a potência ou se restringe à esfera privada – e, então, concerne apenas ao desejo e à libido do indivíduo – ou, ao contrário, se estende a toda a esfera pública, esfera do social, com o seu cortejo de fatores econômicos, sociais, políticos, técnicos, históricos, raciais, culturais etc. E não é por acaso que no século xx foram muitas as tentativas de se conciliar o pensamento de Freud com o de Marx, de articular um freudo-marxismo que procurasse dar conta das relações entre as duas esferas; como não foi por acaso que a filosofia tentou pensar conjuntamente economia política e economia libidinal.

O

Por que o silêncio obstinado da voz do mito, que deveria tirar a mente da raciocinação? Por que esse obstáculo, que impede de dizer absolutamente a realidade do sublime mais do que pressentida, comprovada, no movimento da linguagem de Ducasse-Lautréamont? Por que essa incapacidade de elevar-se até a nobreza do Conde, nobreza primitiva que permite aos lábios a fluência da verdade sem esforço ou procura, fluência natural de fonte limpa, imaculada? Por que a força do mito, tão urgentemente necessária, não prevalece, embora diariamente invocada?

○

Lautréamont recebeu o fogo da aurora do mundo, o mesmo que fulgurou na boca dos xamãs e de Orfeu, na boca de Empédocles e de Hölderlin. O fogo do mito que continua vivo dentro dos pajés e do Dalai Lama, e que leva Artaud até o México atrás dos tarahumaras, e que faz D. H. Lawrence tornar-se incansável viajante à procura do seu rastro. Lautréamont recebeu o fogo que refulge em Milarepa loucamente sábio, correndo o mundo e cantando. O mesmo fogo que, às vezes, precipita os homens que o recebem num delírio cósmico.

Lautréamont compartilha com o xamã, o sábio e o santo a potência divina da poesia e o seu poder de cura; com os loucos, compartilha o desequilíbrio dos que não se encontram preparados para receber a manifestação.

Ligação direta com o dinamismo que move a vida do universo. Quem está preparado para tamanha empresa? Como suportar a passagem da descarga sem se consumir na explosão dos sentidos e da mente? Como lidar com os riscos e, sobretudo, com quem aprender a lidar com os riscos da exposição?

Os mitos contam toda a fortuna e todo o infortúnio de ligações diretas bem ou malsucedidas. Os mitos contam as transformações ocorridas – para o bem e para o mal. Os mitos ensinam, advertem, exemplificam, orientam, chamam a atenção para o que se precisa saber no momento certo, indicam a rota certa que devemos tomar a cada momento. Os mitos nos apresentam os critérios para discriminarmos, dentro do que se passa, o modo como estamos passando.

Os mitos não mencionam a existência de uma outra esfera, mas antes são a própria esfera do sentido vivo. Os mitos não são invenções dos homens – os homens é que se inventam respeitando os mitos ou afastando-se deles e colhendo os efeitos de seu próprio movimento.

É bom esse sentimento de proximidade com a corrente que deve trazer as palavras certas. É preciso esperar e saber esperar. Preparar-se. O método exige apenas confiança e dedicação. Tudo o mais se fará por si mesmo.

O

Aproximar-se da corrente que deve trazer as palavras certas é uma intuição. Tênue. Mas que nos obriga como uma espécie de preenchimento que não suscita emoções. Uma espécie de mensagem que captamos sem saber de onde, mensagem sem conteúdo e até mesmo sem forma, que se anuncia apenas através de uma mudança de estado, alteração. Como um dispositivo técnico impassível que faz um determinado movimento só para melhor posicionar-se para o recebimento da transmissão.

A maior qualidade da escrita de Ducasse-Lautréamont reside em sua capacidade de antenar com fidelidade as transformações que operam em diversas frequências e mudar de uma frequência para outra quando as transformações assim o exigem. Como se houvesse diversos planos de realização do real, como se cada plano fosse ocupado por uma potência principal que garante a sua consistência e como se o poeta fosse aquele que, em vez de orquestrá-las segundo os desígnios de um condutor do discurso, se entregasse, ao contrário, à recepção fiel do seu registro.

De que ordem são essas potências? Como se presentificam? Há imagens, de vários tipos, há vozes, há fluidos benéficos ou perniciosos. Há potências que se fazem sentir aqui e agora na percepção, que irrompem no texto como forças que cruzam o presente em níveis diferentes; outras vêm do passado, desde tempos imemoriais até o imediato minuto que acabou de correr, e se atualizam por força da memória. E o que mais espanta é que Ducasse-Lautréamont não parece selecionar, privilegiar dentre elas, nem mesmo julgá-las. Parece ser unicamente o vetor a que elas recorrem para ganhar existência para os espíritos que o leem.

Desse modo, o leitor não tem diante de si, mas dentro de si, como que um cosmos povoado de entidades e de instâncias que continuamente se sobrepõem umas às outras, enfraquecendo-se ou fortalecendo-se mutuamente com tal intensidade e velocidade que somos tomados por aquela que prevalece no exato momento em que lemos, fazendo-nos esquecer completamente aquelas que haviam dominado nossa atenção e nossos afetos momentos antes.

O resultado é que nosso espírito se mantém de tal forma ocupado pelo que está acontecendo, de tal forma concentrado no presente da leitura, na percepção, que é como se a memória do que somos e também do que acabamos de ler e de sentir se apagasse por completo.

Seguimos o movimento da transformação, aceitando a sucessão turbilhonante de presenças, precipitados de modo vertiginoso em abismos de realidade espantosamente concreta ou propulsados para dimensões que desconhecíamos e de cuja possibilidade jamais teríamos sequer tido ideia. Passamos do máximo ao mínimo, do macro ao micro e vice-versa, em questão de segundos, às vezes entre uma respiração e outra. Mas não é um movimento em falso, porque nunca perdemos a densidade da potência que se materializa, nunca entramos no terreno da generalização abstrata. Qualquer dúvida a esse respeito seria aliás facilmente dissipada pela leitura da ode às matemáticas, enlevada pelo tom invocatório da prece a essas divindades que se incorporam como poderes específicos, virtudes precisas, que alimentam e armam o suplicante para o bem e para o mal.

E talvez conviesse deixar de imaginar que o movimento da transformação é a expansão de uma linha reta que evolui de estrofe em estrofe, e de canto em canto, até desembocar nesse prefácio a um futuro livro que são as *Poesias*. Talvez conviesse esquecer a ideia de um fio condutor e conceber o movimento de transformações como uma sucessão de aparições que se substituem no tempo e tecem entre si conexões não lineares, aparições que surgem e desaparecem para voltar a surgir em outro contexto, em meio a novas articulações, ganhando outra nitidez. Até que tudo se esboroa na ficção insustentável do Canto Sexto, na escrita de um romance que não consegue interessar nem mesmo, e principalmente, quem o escreve.

Mas, antes que isso ocorra, antes que aquele que escreve se decida a tornar-se autor de romance, de vida curtíssima por sinal, há uma espécie de longo ritual de purificação e de iniciação no qual as potências cósmicas se revelam ao homem, comprometendo-o com o transcendente.

O

É possível ler os *Cantos de Maldoror* como narração de um ritual de iniciação, de uma viagem xamânica. É possível porque na vida dos homens a poesia se irradia a partir da celebração xamânica, na qual a palavra encantatória assume a função da comunicação humana com o transcendente, da revelação, da sabedoria e da cura dos males que atormentam o corpo e o espírito. No canto do xamã, religião, poesia, sabedoria e medicina se reúnem numa mesma prática – aquela que num determinado sentido traz aos homens os benefícios das forças cósmicas integrando-os na ordem do universo; e, no sentido inverso, lhes ensina a encontrar, no culto do mito, a fonte da vitalidade, da harmonia, da paz de espírito e das normas de conduta.

Não é que os *Cantos* de Lautréamont nos façam lembrar dos cantos xamânicos – matriz da poesia, como observou muito bem Charles Bowra em *Poesia y canto primitivo*. Ao contrário, a poesia de Ducasse ressoa de modo tão diverso de toda a poesia moderna ocidental que pude ler, é tão misteriosa nos efeitos que produz, que o leitor, mais do que intrigado, profundamente afetado por ela, é levado a procurar sua filiação não em autores ou influências, mas em práticas extraliterárias, práticas religiosas de um tempo em que não havia literatura constituída nem mesmo religião instituída, um tempo em que viver, orar e fazer poesia se confundem num mesmo sopro primitivo, primeiro.

O canto de Ducasse não lembra o canto xamânico. O canto de Ducasse é o canto xamânico, como o canto de Orfeu, como o canto de Empédocles, o último xamã da Grécia, segundo os helenistas, como o canto de Milarepa, o lama-poeta do budismo tibetano, o mais xamânico de todos os ramos do budismo. O canto de Ducasse é o canto do xamã perdido na civilização moderna, exilado, sozinho, num século que se abriu com o canto de Hölderlin misturando o grego, o latim e o alemão na louca tentativa de conciliar os tempos e as presenças, de anunciar aos homens que o elo com o mito estava se partindo ou já se partira, fazendo com que as palavras perdessem o nexo e o sentido.

O canto de Ducasse é o canto do xamã posto numa situação impossível. Tão impossível e absurda quanto a de Alce Negro, o xamã sioux, assistindo à despotenciação das palavras e ao desmembramento do mundo, ou a dos pajés das tribos do Brasil, como Davi Kopenawa, revelando aos brancos a iminência do apocalipse e não conseguindo se fazer ouvir. Mas há uma diferença fundamental. Estes são depositários de uma tradição transmitida ininterruptamente desde tempos imemoriais, tradição que receberam e lutam para preservar; eles têm no ouvido, na boca e na garganta o canto aprendido desde cedo, ao qual estavam predestinados e para o qual, por isso mesmo, foram iniciados. Ao passo que o poeta, atirado em situação adversa, precisa descobrir seu caminho experimentando um canto que desconhece e não sabe de onde vem, canto que chega no escuro para um homem que já se debate em trevas, homem desequilibrado num mundo desequilibrado e encarnando as potências sem o preparo e a proteção que a iniciação xamânica assegura e o ritual enquadra. Alce Negro e os pajés acedem ao canto através do aprendizado de um verbo vivo, palavra mágica que encanta e desencanta, invoca as forças e as recebe, purifica e exorciza, palavra que atua ao ser proferida, tanto sobre aquele que a veicula como sobre aquele a que se destina. Ducasse, antes de tudo, precisa aceitar a estranheza de um canto que parece extemporâneo, verbo cifrado, carregado de arcaísmos e preciosidades de línguas mortas misturados a pedaços de fala cotidiana, a frases literárias e a discursos científicos. Ducasse precisa acostumar-se com ritmos e palavras que nunca lhe foram ensinados, cujo sentido só alcança no decorrer do processo. Mais do que tudo: Ducasse precisa escrever o canto, em vez de simplesmente proclamá-lo.

O canto de Ducasse é o canto de um xamã sem mestre e sem povo, de um selvagem exilado no mundo civilizado. Mas esse primitivo não se vê imediatamente como tal entre os modernos. Imediatamente Ducasse sabe sua situação impossível, porque não pode ignorar o quanto sua vida é deslocada, por um sofrimento dolorosíssimo que a desequilibra; e também porque é poeta, ou quer ser poeta, o que significa, depois de Baudelaire, começar por reconhecer que o sublime tornou-se inacessível e que o inferno é aqui mesmo.

Prisioneiro de um espaço e de um tempo abomináveis, Ducasse começa o seu canto por onde todos os poetas começam, desde que Shakespeare fez Hamlet nomear o mal que dilacera a existência; isto é: pela dúvida e pelo sofrimento que ela causa. Não há portanto, a rigor, novidade alguma no motivo que leva o jovem poeta a querer cantar. No século XIX (mas no século XX também), são tantos os que lamentam o *"mal de vivre"* que Baudelaire chega a se descrever como "uma caricatura de Hamlet".

Como todos sabem, a dúvida é a mais pura flor do mal que a mente pode criar. A dúvida é a mais perversa contrafação do absoluto que um espírito dominado pela contemplação de si mesmo pode se colocar. A dúvida torna o sofrimento complacente porque concentra a atenção e catalisa a energia para um movimento pendular irresoluto e infinito que inibe qualquer ação e justifica toda inação. Na dúvida o espírito encontra uma razão para se furtar ao mundo e se irrealizar. Na dúvida o espírito se sente autorizado a se ausentar. Ela é, então, separação e profanação. Trinca insinuante e pérfida, a dúvida, tal qual um aspirador gigantesco, suga a potência e afeta imparcialidade, atribuindo ora a uma parte do todo, ora à outra, ora a um prato da balança, ora ao outro, o peso e a responsabilidade pela ruptura do equilíbrio.

○

A dúvida faz sofrer? Ou já é o próprio sofrimento? A questão surge quando tento encontrar o motivo que impele Isidore Ducasse a escrever o Canto Primeiro dos *Cantos de Maldoror*. A questão da dúvida já surge como uma dúvida para obscurecer uma possível entrada no canto. E muito embora a pergunta até seja pertinente, é melhor deixá-la em suspenso ou experimentar esquecê-la, ao menos por enquanto.

Uma coisa é certa: Ducasse escreve o Canto Primeiro sob o signo do sofrimento. Este domina com a sua sombra todas as estrofes, já coloca de saída "o problema do mal" e, com ele, a esperança que Ducasse deposita no ofício do poeta, para usarmos a expressão de Elias Canetti. Sofrimento real do poeta, efetivo? Ou sofrimento teórico, "literário", "poético"? – como aquele que Ducasse mais tarde vai detectar em todos os poetas modernos, lançando sobre eles e suas obras uma avaliação que, se levada a sério como deve ser, simplesmente deveria riscá-los do mapa e fazê-los desaparecer na insignificância...

Sofrimento real ou equívoco intelectual? Tudo leva a crer, quando lemos o Canto Primeiro, que não há afetação e que o poeta sofre, sabe que sofre, acha até que sabe por que sofre, e tudo isso provoca nele uma fúria enorme que ao mesmo tempo o põe fora de si e o mortifica.

Por que o poeta sofre? O que e quem faz sofrer? Como resistir ao sofrimento? Como enfrentá-lo? Como escapar dele? Como revidá-lo?

A leitura do Canto Primeiro sugere que o verbo sofrer não designa uma ação, mas um pathos, uma paixão. Sofrer não é agir, agir é fazer sofrer. Cria-se, assim, uma tensão entre ato e pathos que faz com que o sofrimento seja concebido como pura passividade, só rompida se houver a possibilidade de se passar para o outro lado.

Essa possibilidade se abre para Isidore Ducasse no próprio ato de escrever, que parece canalizar, no esforço do poeta, a esperança de dirimir o sofrimento. Mas se só se pode deixar de sofrer inflingindo o sofrimento, escrever é tomar o partido do mal, escrever é uma opção satânica. E fazer essa opção não é tão simples assim, pois ela própria pode nos fazer sofrer, portanto aumentar o nosso sofrimento em vez de diminuí-lo.

Fazer sofrer e sofrer; ato e pathos. A alternativa parece começar a desenhar um círculo vicioso, tramando a culpa. Mas nesse primeiro canto ela mal desponta. O essencial é insistir na crueldade, é investir na agressão, é tomar o partido do mal e, escrevendo, em vez de recalcar o sofrimento, dar vazão à fúria que explode contra a condição humana que nos condena à maldade.

Escrever o primeiro canto é, então, compensar o mal que aflige com um outro mal, é tomar o partido da crueldade e tentar tirar partido disso. Entretanto, ao longo das estrofes, perdura a oscilação entre os dois polos. Fica a impressão de que o poeta *sofre* e *quer fazer sofrer*.

A linguagem transmite essa dor e esse esforço de um homem combatendo o que supõe ser a sua própria humanidade São palavras de fúria e de agonia. Nesse sentido, o Canto Primeiro soa como a deflagração de uma guerra.

O

"Plût au ciel que..." – o canto começa com uma exclamação que poderia ter saído da boca de um personagem trágico de Racine. É o poeta postado diante do leitor e lhe fazendo, em tom solene e grave, uma advertência: queira o céu que saibas encontrar, sem se desorientar, teu caminho abrupto e selvagem, através destas páginas! Pois elas estão cheias de um veneno que pode embeber a alma se teu espírito não se tornar, no ato de ler, tão forte e feroz quanto o que lês; lógica rigorosa e tensão espiritual são imprescindíveis na leitura. Sujeitas às emanações mortais que do livro se desprendem, as almas tímidas devem recuar e seguir um outro caminho filosófico, mais seguro.

Ouvida a advertência, é preciso interromper imediatamente a leitura e meditar sobre o que acaba de ser dito. Deve-se levá-la a sério? Ou trata-se de um truque literário destinado a provocar o leitor, a desafiá-lo, a aguçar sua curiosidade para incitá-lo a ler? Se for este o caso, o expediente vai funcionar com quem, arranhado em seu amor-próprio, se julga um espírito forte, ingenuamente aceita os termos de um jogo viciado e se submete com docilidade a um artifício grosseiro, caindo na armadilha. Alguém que se julga um espírito forte mas que na verdade é uma alma tímida, sem o saber. Permeável, portanto, às emanações venenosas. Mas se a advertência for levada a sério, a questão é outra. O leitor, ao acatá-la, em vez de confiar em seu amor-próprio, vai prudentemente procurar avaliar se está disposto a enfrentar os perigos anunciados e se tem condições de fazê-lo. Seria seu espírito capaz de investir no ato de ler tanta ousadia e ferocidade quanto o espírito do poeta parece ter imprimido no ato de escrever? O leitor ainda não tem elementos para responder, pois tudo está por vir... Mas sabe desde já, pelo tom da advertência, que, se decidir prosseguir, vai ser exigido um estado de espírito muito tenaz e muito exaltado, para não se deixar envenenar nem perder o rumo.

Tal estado de espírito é posto à prova logo na segunda estrofe, na qual será nomeado o veneno que o leitor começa a respirar: "Leitor: é talvez o ódio que desejas que eu invoque no começo desta obra! Quem te diz que não sorverás [...] suas rubras emanações?".²

Nesta apóstrofe, atribuindo ao leitor uma intenção que é sua, mas que pretende compartilhar de imediato, o poeta esclarece: a força que seu espírito invoca com audácia e ferocidade para escrever, e que preenche as páginas, é a força do ódio. Poderosa, impositiva, ela ocupa todo o espaço e ganha a voz de quem fala, fazendo-a pronunciar promessas de gozo inefável e de divina felicidade. Soberana, a força do ódio impregna de tentação as palavras, que já começam a exalar um perfume ambíguo, envolvendo o espírito do leitor e acenando para este com um prazer sensível intenso e proibido, porque celestialmente depravado.

Ativando ao mesmo tempo palavras carregadas de sacralidade e de profanação, a força do ódio cria, na e pela linguagem, uma atmosfera perturbadora. Esse ar malsão atua no leitor exercendo uma influência corruptora que tem início na alteração da respiração. O poeta conhece bem a alteração que as emanações suscitam, pode até antecipar seus efeitos fisiológicos e metafísicos. E, se não perde a oportunidade de fazê-lo, não é mais porque pretende, como antes, advertir o leitor e preveni-lo; porta-voz do ódio, ele agora quer aliciá-lo, estimulando o que tem de animalesco e monstruoso. Nesse sentido, a apóstrofe torna-se um escândalo, isto é, uma incitação ao pecado. E parece que a melhor maneira de começar a cometê-lo, deliberadamente, é continuar lendo.

No entanto, terminada a estrofe, perdura na mente com insistência, querendo chamar a nossa atenção, uma frase

---

2 *Lecteur, c'est peut-être la haine que tu veux que j'invoque dans le commencement de cet ouvrage ? Qui te dit que tu n'en renifleras pas* [...] *les rouges émanations?*

que diz: sinta a respiração, como ela já é outra... e como o teu espírito se dispõe a farejar com ignomínia.

○

Da primeira à segunda estrofe passamos da advertência grave e solene ao aliciamento despudorado do leitor. A mesma voz que procurava afastá-lo tenta atraí-lo. Como alguém que nos recomenda, com o máximo respeito, a maior reserva; e, ato contínuo, suprimindo de um salto a distância que nos separava, agora se cola ao nosso ouvido para fazer, com a maior lábia, uma promessa indecorosa.

Um gesto repele, outro atrai – desconcertando o espírito de leitor, submetido a duas influências aparentemente incompatíveis: primeiro, pela alta moralidade que a franqueza e a honestidade de propósitos inspiram na conduta de quem fala na primeira estrofe; em seguida, pelo tom e pelo teor imorais da conduta desse mesmo locutor, na segunda. Um gesto repele, outro atrai; um movimento eleva quem fala e quem ouve, outro os avilta.

Desconcertado, o espírito do leitor constata que os gestos efetuados através das palavras surtiram efeito, pois efetivamente afastaram-no e o aproximaram de um modo como nunca havia experienciado. O que espantou não foi apenas o fato de a voz do poeta sustentar registros tão opostos e passar tão rapidamente de um para outro. Foi o fato de a fala transformar-se tão radical e contraditoriamente sem se desacreditar nem despotenciar as palavras. Mais ainda: foi o fato de o leitor aceitar tal mudança, deixar-se levar por ela, e principalmente incorporar os gestos que ela preconiza. Posto à prova, tentado, o espírito do leitor sabe que caiu em tentação e que a força que se apossou do espírito do poeta também conseguiu infiltrar-se nele.

O

A terceira estrofe não começa com a interpelação do leitor e com os efeitos que o canto porventura possa ter sobre ele. Agora toda a atenção de quem fala se volta para o próprio e para o exercício da comunicação: o poeta está ocupado em contar quem é Maldoror.

Mas o ato de contar não é assim tão inocente e sem maiores consequências. Tudo parece indicar que a intenção do poeta é soberana e que ele é senhor do que diz. Antes de mais nada, é flagrante a arbitrariedade da decisão de escrever o surgimento de um personagem, de nomeá-lo, de certo modo, de "dar vida" a ele. Ocorre porém que essa arbitrariedade fica ainda mais reforçada em virtude da violência orgulhosa que se declara no modo como a decisão se concretiza. "Estabelecerei em poucas linhas como Maldoror foi bom nos seus primeiros anos, em que viveu feliz; pronto."[3] A frase é desfechada como um golpe. Da promessa do ato à sua finalização, a enunciação é tão vertiginosa que chega a ser cômica. Imediatamente, na sequência, é disparada uma exclamação hiperconcisa, introduzindo a dualidade incompossível do bem e do mal: "Reparou depois que tinha nascido mau: fatalidade extraordinária!".[4] Com essas e mais três penadas é criado o personagem que encarna o conflito entre o bem e o mal, entre a vontade e uma potência inominável. Movimento 1: Maldoror foi bom nos primeiros anos, e feliz; 2: Percebeu que nasceu mau; 3: Tentou recalcar; 4: A pressão do esforço concentrado fez o sangue subir à

---

3 *J'établirai dans quelques lignes comment Maldoror fut bon pendant ses premières années, où il vécut heureux ; c'est fait.*

4 *Il s'aperçut ensuite qu'il était méchant : fatalité extraordinaire !*

cabeça; 5: Não aguentando mais, Maldoror cedeu e assumiu a crueldade.

São apenas cinco penadas para chegarmos a uma "resolução" do conflito. Mas entre a primeira e a quinta se opera uma transformação capital: despontando na enunciação que o nomeia e lhe assegura existência, Maldoror não nasce entretanto como um personagem apático e informe, à espera de que seu criador o faça falar, embutindo em sua boca frases feitas. Com efeito, bastou se completar a narração de sua "história" e, com ela, a explicação de seu caráter, e Maldoror ganha voz própria, falando através da pena do poeta. Isso ocorre no final da quinta penada: "até que, não podendo mais suportar semelhante vida, atirou-se resolutamente na carreira do mal... doce atmosfera!".[5]

De repente o narrador, tão senhor de si, tão soberano, interrompendo-se, susta a enunciação, ergue a pena. Mas quando a mão volta a escrever, uma outra voz, deliciada, totalmente entregue, exclama: doce atmosfera!

Maldoror é sádico, Maldoror é assumidamente cruel. *E é ele mesmo quem diz.* O acontecimento é tão chocante que o poeta dirige-se aos humanos: "Ouvistes? ele ousa repeti-lo com esta pena que treme!".[6]

Desfeita a segurança do narrador, o poeta experimenta na própria pele, no momento em que escreve, a existência de uma potência inominável mais forte do que a vontade. Potência irredutível. O conflito entre o bem e o mal não é portanto objeto de discurso, tema que um poeta pode impunemente tratar com o recurso da invenção de

---

5 [...] *jusqu'à ce que, ne pouvant plus supporter une pareille vie, il se jeta résolument dans la carrière du mal... atmosphère douce !*

6 [...] *avez-vous entendu ? il ose le redire avec cette plume qui tremble.*

um personagem. Querer ser bom e terminar só podendo ser mau não é um processo que afeta apenas Maldoror. A questão perpassa também a intenção e a realização da enunciação, eletrizando a relação entre narrador e personagem e, através dela, a vontade do poeta e a potência inominável que ele traz dentro de si.

Quando a terceira estrofe começou, encontramos o poeta a ponto de escrever o princípio de uma história exemplar, a história de alguém que devia "encarnar" o mal. Parecia até que voltáramos a ter nas mãos um livro como os outros e que quem falava não era mais o mesmo que, na estrofe anterior, fora tomado de assalto pela força excessiva do ódio. Mas tal sensação foi logo dissipada pelos golpes, movimentos violentíssimos que abalaram a marcha do espírito. No zigue-zague do texto o mal realmente surgiu, ganhou nome e voz própria, começou a disputar com o poeta a dicção.

O

A quarta estrofe é dedicada a considerações sobre o intuito que se tem quando se escreve. Do leitor passáramos ao texto, e do texto a suas motivações. A estrofe começa com uma afirmação: "Há quem escreva em busca dos aplausos humanos, por meio de nobres qualidades do coração que a imaginação inventa ou que eles podem ter".[7] Afirmação seguida de uma exclamação que afasta quem escreve do convívio com os outros escritores, conduzindo-nos a uma esfera oposta à da moralidade, das boas intenções e

---

7 *Il y en a qui écrivent pour rechercher les applaudissements humains au moyen de nobles qualités du coeur que l'imagination invente ou qu'ils peuvent avoir.*

da busca do reconhecimento público: "já eu utilizo meu gênio para pintar as delícias da crueldade".[8]

Há um *parti pris* evidente nessa declaração que atesta o quanto o que foi dito nas estrofes anteriores compromete e engaja o locutor do canto. Num primeiro momento, o leitor tem o ímpeto de perguntar – quem está falando aqui: o poeta? Maldoror? Maldoror como duplo do poeta? Depois as coisas parecem se esclarecer: a força do ódio encaminhara o poeta à crueldade inata de Maldoror; e agora, uma vez identificada com a maldade a potência inefável que irrompera na dicção, o locutor já pretende aliar crueldade inata a talento inato. Ou melhor: a empregar o gênio a serviço da realização gozosa da maldade.

Tal aliança é apenas anunciada. Entretanto, o simples fato de prometê-la, e de ansiar por ela, provoca no poeta, por um instante, um sentimento de pavor, minimizado com ironia. Um horizonte parece se abrir para quem canta: o talento a serviço do mal... Mas isso não é novidade alguma – os pensamentos de Maldoror estão em todos os homens.

O

A quarta estrofe soou como uma continuação da terceira: o élan que se manifestara na exclamação escabrosa de Maldoror – "doce atmosfera!" – se ampliou e contagiou a dicção do poeta, propiciando a ele uma razão para escrever e uma perspectiva. Na quinta, voltamos a encontrar o locutor da primeira estrofe, o homem de alta moralidade que fizera a advertência ao leitor; ele jamais desaparecera por completo, mas ressurge agora em sua inteireza, assumindo o canto.

8 *Moi, je fais servir mon génie à peindre les délices de la cruauté* !

Tem início um relato no qual o poeta testemunha que viu os homens todos, sem exceção, motivados pela glória, cometerem muitos atos estúpidos, brutalizarem seus semelhantes, e perverterem as almas. Pelo relato conclui-se que a visão dessas ações afetou imensamente o locutor – tanto, que produziu, como contrapartida, uma reação comunicada com palavras insanas que configuram um gesto inconcebível, de um sofrimento propriamente inimaginável:

> Vendo esses espetáculos, quis rir como os outros; mas isso, estranha imitação, era impossível. Peguei um canivete, cuja lâmina tinha um gume afiado, e rasguei minhas carnes nos lugares onde se reúnem os lábios. Por um instante acreditei meu objetivo alcnçado. Contemplei num espelho essa boca ferida por minha própria vontade! Puro engano! O sangue que escorria em abundância dos dois ferimentos impedia aliás de distinguir se aquele era verdadeiramente o riso dos outros. Mas, depois de alguns instantes de comparação, vi muito bem que meu riso não se assemelhava ao dos humanos, isto é, que eu não ria.[9]

O despropósito do gesto figurado nas palavras e a precisão implacável com que é descrito o riso impossível têm o dom de conferir insuspeitada densidade ao relato, e de

---

9 *En voyant ces spectacles, j'ai voulu rire comme les autres, mais cela, étrange imitation, était impossible. J'ai pris un canif dont la lame avait un tranchant acéré, et me suis fendu les chairs aux endroits où se réunissent les lèvres. Un instant je crus mon but atteint. Je regardai dans un miroir cette bouche meurtrie par ma propre volonté. C'était une erreur ! Le sang qui coulait avec abondance des deux blessures empêchait d'ailleurs de distinguer si c'était là vraiment le rire des autres. Mais après quelques instants de comparaison, je vis bien que mon rire ne ressemblait pas à celui des humains, c'est-à-dire que je ne riais pas.*

envolver a testemunha numa espécie de pureza tenebrosa; ao mesmo tempo, uma reação que se apresenta assim, tão excessiva, dá a quem estiver ouvindo uma medida nova para apreciar melhor o alcance da maldade humana, à qual o riso tentou se contrapor.

Quando o relato retoma o que a testemunha viu, já se encontra alterado pelo horror, como que impregnado de uma gravidade até então desconhecida. Segue-se um longo e detalhado inventário das formas que o mal adquire nos atos, nas condutas e nos pensamentos dos homens – nele não falta a comparação com a crueldade do tubarão, que surge pela primeira vez, antes de ganhar importância decisiva em estrofes posteriores.

De repente, porém, o texto, que reiteradamente se detinha no que o poeta havia visto, adentra no presente: é a Natureza reagindo por sua vez à expressão permanente da maldade humana, e entrando em convulsão, em paroxismo apocalíptico. Transportado para a dimensão cósmica do desequilíbrio, e para a atualidade incessante de um jogo de forças, o locutor se dobra em invocação a instâncias mais e mais elevadas. A estrofe, que parecia dirigida ao leitor, retoma o argumento que a desencadeara inicialmente: todos os homens são maus. Mas não há mais relato, testemunha, nem afirmação; há uma prece candente, a um só tempo súplica e desafio: "Deus [...] é a ti que invoco: mostra-me um homem que seja bom!... Mas que tua graça decuplique minhas forças naturais; pois, diante do espetáculo desse monstro, posso morrer de espanto; morre-se por menos".[10]

---

10 *Dieu [...] c'est toi que j'invoque : montre-moi un homme qui soit bon !... Mais que ta grâce décuple mes forces naturelles, car, au spectacle de ce monstre, je puis mourir d'étonnement : on meurt à moins.*

A súplica parece não ter sido ouvida. Há silêncio no céu e ausência de homem bom. Razão pela qual a sexta estrofe reata com o processo que vinha se desenvolvendo anteriormente. Na primeira, o poeta lançara uma advertência contra o veneno das páginas sombrias; na segunda, o veneno tornara-se perfume e incenso, promessa de prazer celestialmente depravado; na terceira, Maldoror recém-criado, cedendo a uma potência mais forte que a vontade, abraçara a carreira do mal; na quarta o poeta, inclinando-se perante a superioridade dessa potência, encontrara motivação para escrever: empregar o gênio a serviço da realização gozosa da maldade. Ora, a sexta estrofe será a realização de tudo isso – uma página cheia de veneno, que consagra a santidade do crime, vai provocar um prazer sensual mórbido quando o poeta, aliando crueldade e talento, escrever a primeira proeza de Maldoror, seu *"passage à l'acte"*.

Antes de tudo, é preciso observar que a estrofe é entoada como uma espécie de modelo de duplicidade; parece até que, através dela, um espírito perverso pretende explicitar um pensamento de Pascal que diz: "Tal duplicidade do homem é tão visível que há quem tenha pensado que tínhamos duas almas". Com efeito, tudo se passa como se a estrofe tornasse visível o movimento de um espirito dúplice que tem duas almas, com as quais entrelaça má ação e boa ação. Primeiro, trata-se de fazer o outro sofrer; em seguida, de consolá-lo; depois, por uma inversão de papéis, de transformar a vítima em algoz e de aceitar, com volúpia, a condição de vítima; e finalmente, realizando o mal e aparentando ter favorecido o bem, de extrair das venturas e desventuras da relação bem/mal a mais intensa felicidade.

A estrofe parece a demonstração modelar da duplicidade humana. Mas, se procurarmos ouvi-la com atenção redobrada, perceberemos que a própria duplicidade é dilacerada. O jogo duplo é apenas aparente: quem fez sofrer também sofre por fazê-lo; por outro lado, consolar desperta tanto prazer sádico quanto cometer o crime. Benfazer, malfazer – os dois tipos de ação se contrapõem e se completam, se invertem, se embaralham, se transformam um no outro, se transfiguram. A duplicidade é portanto dilacerada, pois nas duas almas habitam, simultaneamente, o bem e o mal. E, se é assim dilacerada, não se sustenta, como também não se sustentaria a dualidade bem/mal, que lhe daria fundamento. O que leva o locutor a se perguntar: "que são, pois, o bem e o mal? Serão uma só coisa pela qual testemunhamos com raiva nossa impotência, e a paixão de alcançar o infinito, mesmo pelos meios mais insensatos? Ou serão duas coisas diferentes? Sim... espero que sejam a mesma coisa... pois, senão, o que seria de mim no dia do juízo!".[11]

Fazer o mal, e o bem, podem ser duas faces da mesma moeda. De que moeda? Talvez seja melhor considerar o que ocorre não em termos de faces, de imagens, mas em termos de movimentos e de tempos diferentes.

A aparente duplicidade do locutor se manifesta em dois tempos. Num primeiro tempo, quem fala faz uma recomendação, apregoa uma conduta a ser adotada por quem ouve; dirigida ao "Homem" (leitor inclusive), a enunciação tenta todo tipo de recurso e de argumentação para convencê-lo. É o tempo do "Tu deves". Num segundo momento, é o próprio Homem que, aceitando o que lhe fora prescrito e tomando uma atitude, se engaja, passa a agir... o que, no

---

11 [...] *qu'est-ce donc que le bien et le mal ? Est-ce une même chose par laquelle nous témoignons avec rage notre impuissance, et la passion d'atteindre à l'infini par les moyens même les plus insensés ? Ou bien sont-ce deux choses différentes ? Oui, que ce soit plutôt une même chose, car sinon que deviendrais-je au jour du jugement ?*

caso, significa assumir a condição de locutor, e falar. No primeiro tempo, Maldoror recomenda o que o Homem deve fazer: um ato criminoso contra um menino, um adolescente, um exercício de sadismo cometido com unhas e dentes. Nesse primeiro momento, o verbo da ação cruel é *dilacerar*. Ao passo que, no segundo tempo, o Homem, incorporando simultaneamente a locução e a conduta recomendada, passa a socorrer a vítima com a fala aflita, razoável, cheia de boas intenções, de culpa e de arrependimento. Nesse segundo momento, quem fala entra em ação... e o verbo da ação benfeitora é *consolar*, fechar as feridas.

Se houvesse duplicidade, como à primeira vista parece que há, haveria oposição nítida entre benfazer e malfazer, entre o ato delirantemente cruel e o discurso razoável e consolador. O mínimo que se poderia afirmar seria a falta de sinceridade, ou do ato ou do discurso. Mas como é impossível separar o bem do mal, também é impossível separar a ação do discurso. Não é a sinceridade do ato cruel que legitima o arrependimento? E quanto mais sincero for o consolo, maior não será o prazer que virá se acrescentar ao prazer de haver cometido a maldade?

Impossível separar ação e discurso. Aliás, nesta estrofe, a ação não é feita, é dita; e o que é dito, é feito! Mais ainda: não existe ruptura e sim continuidade entre o tempo da ação cruel e o tempo do discurso benevolente. Quem vai dilacerar é o mesmo que depois vai consolar. "Depois de ter falado assim, *ao mesmo tempo terás praticado* o mal contra um ser humano, e *serás amado* por esse mesmo ser: é a maior felicidade que se possa conceber."[12]

---

12 *Après avoir parlé ainsi, en même temps tu auras fait le mal à un être humain, et tu seras aimé du même être : ce qui est le bonheur le plus grand que l'on puisse concevoir.* Grifos meus.

○

Na terceira estrofe o sadismo de Maldoror se mostrara ao poeta como a vitória de uma potência inominável mais forte do que a vontade. No último terço da sexta, em meio ao arrependimento e aos pedidos de perdão pela violência praticada, surge uma pergunta que recoloca a questão da potência misteriosa: o que conduz ao crime? Um delírio da razão doente ou um instinto secreto que independe do raciocínio? Uma vez feita, a pergunta ficara em aberto. Mas agora, na estrofe da Prostituição, o tema é retomado, introduzindo, com novas nuances, uma complexidade crescente.

"Fiz um pacto com a Prostituição a fim de semear a desordem nas famílias. Lembro-me da noite que precedeu esta perigosa ligação"[13] – assim começa a sétima estrofe, com o anúncio de um acordo, e de sua finalidade. E, imediatamente, tem início o relato do que o motivou.

Foi um sonho, ou uma visão. Diante de um túmulo, que portava a inscrição "Aqui jaz um adolescente que morreu tuberculoso; sabeis por quê. Não oreis por ele",[14] desenrola-se a ação envolvendo o poeta, um pirilampo enviado dos céus e uma bela mulher, chamada Prostituição. E o que se conta nessa cena é que o poeta, diante da fatalidade da morte, se encontrou numa encruzilhada e teve que escolher entre dois caminhos: o do vício ou o da virtude. Instado pelo representante desta a matar Prostituição, o poeta preferiu destruir o pirilampo, optando, assim, pelo caminho do vício.

13 *J'ai fait un pacte avec la prostitution afin de semer le désordre dans les familles. Je me rappelle la nuit qui précéda cette dangereuse liaison.*
14 "*Ci-gît un adolescent qui mourut poitrinaire : vous savez pourquoi. Ne priez pas pour lui.*"

Há ecos nesta cena do episódio do Apocalipse, como observou H. R. Linder, no qual protagonizam o vidente, o anjo e a grande Prostituta; há ecos, também, como bem notou Maurice Blanchot, de um poema de Baudelaire "Remorso póstumo", no qual comparecem o túmulo, o poeta, a bela tenebrosa e um verme (não esquecer que, em francês, pirilampo é "ver luisant", verme brilhante). Mas o homem deste sonho, ou visão, não é nem São João de Patmos, que se entrega nas mãos do anjo, nem o poeta mórbido dos versos baudelairianos, que se compraz em insinuar o tormento na virtude da cortesã. É um homem sensível, um ser compassivo *que escolhe o vício por piedade.*

Tudo se passa muito rapidamente. Prepotente, o pirilampo ordena a sentença de morte, nomeia o carrasco, faz ameaças. Sua intransigência provoca no homem não uma reação de resistência, mas de rebeldia: "Com lágrimas nos olhos, a raiva no coração, senti nascer em mim uma força desconhecida".[15] Movido por esse impulso, o homem mata o pirilampo e declara a Prostituição: "Prefiro-te a ele, pois tenho piedade dos infelizes. Não é culpa tua se a justiça eterna te criou".[16]

O pacto então se realiza porque o poeta e Prostituição são companheiros de infortúnio, porque ambos são vítimas da justiça divina, aqui tão injusta quanto a justiça humana que levava os pecadores a apedrejar a mulher adúltera, como reza o Novo Testamento. O pacto é uma resposta que, em sonho, ou visão, movida por uma força desconhecida, o poeta formula para a iniquidade divina.

---

15 *Les larmes dans les yeux, la rage dans le coeur, je sentis naître en moi une force inconnue.*

16 *"Je te préfère à lui ; parce que j'ai pitié des malheureux. Ce n'est pas ta faute si la justice éternelle t'a créée."*

Abandonar a virtude por piedade tornou-se uma escolha necessária, rigorosa e, ao mesmo tempo, dolorosa. Finda a cena, terminado o sonho, ou a visão, o poeta, dirigindo-se a todos, explica as consequências do acordo: o vento gélido que vibra no ar não é o espírito de Deus que passa, "é o suspiro agudo da prostituição unido aos gemidos graves do montevideano".[17]

○

Escolher o vício por piedade parece coisa de louco. O que pensar de tal escolha, de certo modo inconcebível? E, principalmente, o que acontece quando o poeta considera o tormento em que se meteu? São estas as questões elaboradas pela oitava estrofe.

A sétima anunciara um ato que une o vício ao canto, que associa, num vento gélido, suspiro agudo e gemidos graves. Na seguinte, o poeta tenta comunicar o estado de espírito que nele se instala quando pensa em si e esse vento se põe a soprar. Antes, um sonho ou visão motivara a ação, conduzira ao pacto; agora, a reflexão tem por efeito produzir alucinação.

Assim começa a estrofe: "À luz da lua, junto ao mar, nos lugares isolados do campo, a gente vê, mergulhado en amargas reflexões, todas as coisas revestirem formas amarelas, indecisas, fantásticas. [...] O vento geme através das folhas suas notas langorosas [...]. Então, os cães [...]".[18]

---

17 [...] *ce n'est que le soupir aigu de la prostitution, uni avec les gémissements graves du Montevidéen.*

18 *Au clair de la lune, près de la mer, dans les endroits isolés de la campagne, l'on voit, plongé dans d'amères réflexions, toutes les choses revêtir des formes jaunes, indécises, fantastiques.* [...] *Le vent gémit à travers les feuilles ses notes langoureuses* [...]. *Alors, les chiens* [...]

As circunstâncias são essas. Solitário, pensativo, o poeta vê a realidade se esfumar, enquanto a natureza, como no mito de Orfeu, parece incorporar o lamento do canto. Surgem então os fantasmas, os cães apavorantes, furiosos, desembestados, latindo contra tudo e todos. São animais selvagens que dilaceram o viajante, que se entredevoram; numa palavra: são cachorros loucos.

A nitidez dessas imagens alucinadas, captadas em pleno movimento de ataque, se expressa num exagero de notações rápidas e seguras sobre o comportamento dos cães, sobre o objeto de suas investidas e, mais enfaticamente, sobre a manifestação variada de sua agressividade. Pela primeira vez nos *Cantos de Maldoror* um único ato, latir, se presta a uma profusão de comparações inesperadas e de uma precisão impressionante, que visam dar consistência e intensidade cambiantes à emissão do uivo. Latir, aqui, é gritar de mil maneiras, avançando contra, contra, contra... num delírio desenfreado de impulso assassino. E no entanto, observa o locutor, os cães não agem assim por crueldade inata. Por quê, então?

Os animais fantasmados se conduzem de modo agressivo não por causa da cólera que pode efetivamente afetar os cães; por outro lado, se é dito que são loucos, não é por força da expressão, por artifício retórico ao qual se recorre arbitrariamente a fim de "construir" uma imagem. Os cães alucinados tampouco nascem do nada – eles são a atualização exasperada de uma lembrança da infância que emerge e se impõe, a lembrança da mãe dizendo ao locutor: "Quando estiveres na cama e ouvires os uivos dos cães no campo, esconde-te debaixo dos cobertores, não zombes do que eles fazem: eles têm sede insaciável do infinito, como tu, como eu, como o resto dos humanos".[19]

A lembrança das palavras maternas esclarece a presença dos cães na alucinação, bem como o seu comportamento. Além disso, ela estabelece os termos de uma comparação que veio ocupar o centro da estrofe, para expressar a aflição agudíssima que toma conta do espírito do poeta. A comparação postula que o locutor se sente e se move agressivamente como um cão raivoso, dá a medida do que se passa. Por sua vez, a lembrança explicita que há mesmo algo comum aos cachorros e ao locutor; mas, apesar das aparências, apesar do tumulto das imagens, e apesar de o poeta aspirar por uma origem animal, apesar de tudo, esse algo não é cólera, não é doença: é uma necessidade impossível de contentar, cuja pressão a alucinação dos cães só faz figurar. Mergulhado em amargas reflexões, dilacerando-se, o poeta sabe que não está louco, ainda que alucine. Porque a alucinação, em vez de levá-lo a perder-se, o faz ainda mais lúcido, traz à tona um sentido novo para a compreensão de sua dificuldade.

Ciente dela, o poeta vai imprimindo ao texto um tom de desabafo, marcado pelo desespero e pela ausência de perspectiva. Não há o que fazer nem o que pensar, não há saída. Apenas uma paisagem de Van Gogh vibrando violentamente lá fora... e ali dentro, na cabeça: "olho subitamente o horizonte [...] nad vejo! Nada... a não ser os campos que dançam em turbilhões com as árvores e com

---

19 *"Lorsque tu seras dans ton lit, que tu entendras les aboiements des chiens dans la campagne, cache-toi dans ta couverture, ne tourne pas en dérision ce qu'ils font : ils ont soif insatiable de l'infini, comme toi, comme moi, comme le reste des humains [...]"*

as longas filas de pássaros que atravessam os ares. Isso me turva o sangue e o cérebro... Quem, pois, sobre a cabeça, me golpeia com uma barra de ferro, como um martelo batendo na bigorna?".[20]

A oitava estrofe termina numa atmosfera exaltada, sacudida por forte perturbação. O locutor se abrira em confissões, o sofrimento lhe causa dor lancinante, que parece levá-lo a uma situação próxima do descontrole. Esse estado de espírito não se prolonga porém na estrofe seguinte. Quando esta tem início, encontramos alguém que se contém, se recompõe e insiste em ostentar o domínio de si mesmo. Propondo-se a declamar em voz alta uma estrofe séria e fria, retomando a solenidade da primeira estrofe e, com ela, a advertência sobre os efeitos do texto, o poeta avisa: quem fala não é criminoso, é um ser de alma monstruosa.

Mas as considerações sobre o locutor se calam bruscamente, e este passa a preparar os leitores para a audição da ode ao oceano: "Ficai [...] tão calmos quanto eu, nesta leitura".[21] Como entretanto manter a calma se mal acaba de ocorrer uma ruptura na dicção e já se produz nova mudança inesperada no movimento da enunciação? Esperávamos o início da declamação e, em seu lugar, ouvimos: "Ó polvo de olhar de seda! tu, cuja alma é inseparável da minha; tu, o mais belo dos habitantes do globo terrestre, e que comandas um serralho de quatrocentas

---

20 [...] *je regarde subitement l'horizon [...] je ne vois rien ! Rien, si ce n'est les campagnes qui dansent en tourbillons avec les arbres et avec les longues files d'oiseaux qui traversent les airs. Cela me trouble le sang et le cerveau !... Qui donc sur la tête me donne des coups de barre de fer comme un marteau frappant l'enclume ?*

21 *Soyez [...] aussi calmes que moi dans cette lecture [...]*

ventosas [...] por que não estás comigo [...] para contemplar este espetáculo que adoro!".[22]

O poeta, que se dirigia aos leitores, vira-se repentinamente e interpela um companheiro ausente, cuja presença reclama. E. ao passar de um interlocutor para outro, como que se transporta do lugar da enunciação para uma outra cena. Esperávamos a declamação anunciada; mas agora não é mais para os leitores que o locutor vai fazê-la, é para o próprio oceano, que o inspira. Quanto a nós, aturdidos com a operação, e medusados pela invocação de um interlocutor tão insólito, quando nos damos conta do que aconteceu, já estamos ao lado do poeta, diante do oceano, como testemunhas.

Ô poulpe, au regard de soie. Muito se escreveu sobre esse ser fascinante que, como o gato de Cheshire, se resume a um olhar de uma doçura incrivelmente definida e a um enorme poder de contato corporal, cutâneo. Muito se elucubrou sobre as modificações que o poeta introduziu nesta passagem, escrevendo, primeiro, "Ah! Dazet!", e depois, "Ah! D...!", antes de chegar à formulação definitiva da edição completa de 1869. Mas o importante não é saber que por trás do animal fantástico se encontra o prosaico companheiro de liceu, um fragmento da realidade histórica de Isidore Ducasse; o importante é compreender que ele inaugura uma série de entidades que são extraordinárias não porque foram inventadas e só têm existência poética, mas porque em vez de comporem uma imagem, uma figura, encarnam a plenitude de uma potência em

---

22 *Ô poulpe, au regard de soie ! toi, dont l'âme est inséparable de la mienne ; toi, le plus beau des habitants du globe terrestre, et qui commandes à un sérail de quatre cents ventouses ; [...] pourquoi n'est-tu pas avec moi [...] pour contempler ce spectacle que j'adore !*

ação, e nos afetam como tal. *Ô poulpe, au regard de soie* [...] *qui commandes à un sérail de quatre cents ventouses* – que outro ser poderia exercer sobre nós, apenas pelo fato de ter sido designado, o poder de atração que exerce sobre o poeta, mesmo quando este lamenta a sua ausência?

O locutor está só, diante do oceano, a quem vai declamar a sua estrofe. Mas só em termos... Silenciosos, acompanhamos a invocação: "Velho oceano, de ondas de cristal".[23] Tem início um dos momentos mais sublimes dos *Cantos*, e de toda a poesia. Como ondas de enunciação que se erguem, rebentam e se desfazem em renda de espumas, dez propriedades e atributos do oceano se estendem pelas páginas, em contraste e confronto com a natureza humana.

O oceano é uma cor que evoca o encontro do homem com a dor. É uma forma, harmoniosa e bela, suscitando a lembrança da feiura humana. Sempre igual a si mesmo, é o símbolo da identidade, enquanto o homem não para de mudar. Se o oceano tem caráter modesto, em compensação o outro está sempre se vangloriando. Sua universalidade indiferente e compreensiva se contrapõe aos particularismos e mesquinharias dos homens. Sua grandeza material é incontestável, deixando patente a cômica pequenez humana. Seu sabor amargo se equipara ao fel da crítica, muito embora não se deva a uma imperfeição. Mas a profundidade do oceano não resiste à comparação com a do coração humano, cuja conduta é incompreensível. Sua potência intimida os homens, no entanto mais inteligentes. E seu movimento, de uma lentidão majestosa, o mais grandioso atributo do oceano, transmite o sentido calmo de seu poderio eterno, em contraste com a agitação estéril, superficial e passageira dos seres

[23] *Vieil Océan, aux vagues de cristal* [...]

humanos, ondas vivas que surgem e desaparecem, em monótona sucessão.

"Homem livre [...] o mar é teu espelho", escrevera Baudelaire. Mas aqui, nesta espécie de resposta a "O homem e o mar", o que surge do face a face não é a semelhança, mas a diferença, a indicar a superioridade do oceano, a sua nobreza. Não, o mar não é o espelho do homem: "Gostaria que a majestade humana fosse apenas a encarnação do reflexo da tua. É pedir demais, e esse desejo sincero é glorioso para ti. Tua grandeza moral, imagem do infinito, é imensa como a reflexão do filósofo, como o amor da mulher, como a beleza divina do pássaro, como as meditações do poeta".[24]

O mar não é o espelho do homem. A descoberta da grandeza moral do oceano, de sua nobreza e real majestade, produz de imediato uma alteração considerável no estado de espírito do poeta e no curso da enunciação. O locutor, que vinha saudando o oceano em tom solene e grave, passa a tentar uma comunicação mais direta, busca o diálogo, solicita e vê no movimento das águas uma resposta.

O mar não é o espelho do homem, é muito superior. Além disso, sua grandeza moral também não lhe permite ser irmão do homem, como queria Baudelaire em seu poema. Mas a distância que afasta o homem do oceano parece, ao mesmo tempo, aproximá-lo do poeta sedento de infinito. Premido por uma necessidade imperiosa, este então pergunta: "Responde-me, oceano, queres ser meu

---

24 *Je voudrais que la majesté humaine ne fût que l'incarnation du reflet de la tienne ; je demande beaucoup. Ce souhait sincère est glorieux pour toi. Ta grandeur morale, image de l'infini, est immense comme la réflexion du philosophe, comme l'amour de la femme, comme la beauté divine de l'oiseau, comme les méditations du poète.*

irmão? Move-te com ímpeto... mais... ainda mais, se queres que eu te compare à vingança de Deus; estende tuas garras lívidas[...] desdobra tuas ondas medonhas, oceano hediondo, que só eu compreendo, e diante do qual me atiro, prosternado aos teus joelhos".[25]

O poeta cai à espera de um sinal. É interessante notar que o simples pressentimento de uma afinidade maior o leva a perceber, na real majestade do oceano, uma dimensão maligna, monstruosa. Mas a manifestação desta é tão terrível que aniquila qualquer pretensão a uma suposta igualdade: o locutor também é humano, demasiado humano...

A superioridade do oceano evoca dolorosamente a limitação humana, inclusive a do poeta. Apesar de tudo o que foi dito, o oceano não dissipa as dúvidas nem o sofrimento, o oceano permanece um enigma. Várias perguntas ficam no ar: Por que o locutor sempre vai ao seu encontro? Será o oceano a morada do príncipe das trevas? Será o inferno ali, tão perto dos homens?

Ao começar a estrofe, alguém, insistindo em ostentar o domínio de si mesmo, propôs-se a declamar em voz alta uma estrofe séria e fria e avisou: quem fala é um ser de alma monstruosa. Mas, após tantas transformações, o contraste é flagrante entre o que se afirmava e o que se lê no final do texto, na última saudação:

Velho oceano, das ondas de cristal... Meus olhos se encharcam de lágrimas abundantes, e não tenho forças para

---

[25] *Réponds-moi, océan, veux-tu être mon frère ? Remue-toi avec impétuosité... plus... plus encore, si tu veux que je te compare à la vengeance de Dieu ; allonge tes griffes livides [...] Déroule tes vagues épouvantables, océan hideux, compris par moi seul, et devant lequel je tombe, prosterné à tes genoux.*

prosseguir; pois sinto chegado o momento de retornar para o meio dos homens de aspecto brutal; mas... coragem! Façamos um grande esforço, e cumpramos, com o sentimento do dever, nosso destino nesta terra. Eu te saúdo, velho oceano![26]

○

A estrofe seguinte começa com uma declaração acerca de uma resolução: "Ninguém me verá, na hora derradeira, rodeado de padres".[27] Entretanto, instaura-se imediatamente uma perturbação bastante forte. É que a essa intenção que se projeta para o futuro vem mesclar-se a sua realização imediata no presente. Pois a frase completa é: "Ninguém me verá, n hora derradeira (escrevo isto rm meu leito de morte), rodeado de padres".[28]

O locutor faz portanto uma declaração de intenção; mas, ao fazê-la, transporta-se para a sua última hora, entra em agonia. E, como ele, o leitor também é deslocado constantemente entre dois tempos, entre dois presentes, o presente do discurso que anuncia o que deverá acontecer e o presente da ação, que já faz acontecer aqui e agora. Como se a simples expressão de uma resolução bastasse para concretizá-la. Como se a simples menção a uma agonia futura tornasse o poeta um velho moribundo.

---

26 *Vieil Océan, aux vagues de cristal... Mes yeux se mouillent de larmes abondantes, et je n'ai pas la force de poursuivre, car je sens que le moment est venu de revenir parmi les hommes, à l'aspect brutal ; mais... courage ! Faisons un grand effort, et accomplissons avec le sentiment du devoir notre destinée sur cette terre. Je te salue, vieil Océan !*

27 *On ne me verra pas, à mon heure dernière, entouré de prêtres.*

28 *On ne me verra pas, à mon heure dernière (j'écris ceci sur mon lit de mort), entouré de prêtres.*

A arbitrariedade de tudo isto é chocante. Mas a voz do moribundo soa tão exaltadamente real e se alterna tão articuladamente com aquela que declara as intenções que o leitor a aceita, como aceita a arbitrariedade dos sonhos.

Impaciente com a morte que tarda, o moribundo anuncia que quer partir – e dele já começa a se desprender um espectro horrível e contente, sob o olhar atônito dos animais, e temeroso do homem, que se prosterna. A atmosfera de sonho se adensa, e o espectro, nítido, toma a palavra, com um sopro: "Sim, eu vos supero a todos por minha crueldade inata, crueldade que não dependeu de mim apagar".[29] Mas talvez não seja a crueldade o que nele mais impressiona e atemoriza, talvez seja o seu aspecto de cometa apavorante, percorrendo um céu ensanguentado. De todo modo, como num sonho, o locutor da estrofe é simultaneamente o moribundo e o espectro que fala, sem no entanto deixar de ficar de fora, assistindo à cena. Tal é o sentido do comentário, escrito entre parênteses, que se imiscui na fala do espectro, deslocando novamente o leitor e fazendo-o compartilhar de um sonho: "Cai-me uma chuva de sangue do vasto corpo".[30]

O espectro tranquiliza a todos: não há o que temer, nem quanto à crueldade nem quanto ao aspecto, pois todas as testemunhas da aparição são tão horrendas quanto ele próprio, uma vez que as vias de ambos são perversas. Tendo assim se revelado a suas testemunhas, e revelado a elas próprias sua própria natureza monstruosa, o espectro calou-se. Os homens vão então erguer a cabeça para vê-lo e, num átimo, com horror, já o reconhecerem em toda a

---

29 "*Oui, je vous surpasse tous par ma cruauté innée, cruauté qu'il n'a pas dépendu de moi d'effacer* [...]"

30 *Il me tombe une pluie de sang de mon vaste corps.*

sua ignomínia. Ninguém o nomeia, mas tudo indica que estão diante de Maldoror. A revelação suscita o ódio de homens e animais, que agora se voltam, em imenso clamor, contra o espectro; e, ao suscitar tamanha descarga, cumpre a sua função maior, que é fazer odiar – tanto que a presença do espectro não se justifica mais: "Sim, desapareçamos pouco a pouco de suas vistas".[31]

O espectro se dissipa, e com ele o moribundo, os homens, os bichos, o sonho, enfim. O locutor mal tem tempo de agradecer ao espectro de aspecto impossível, um rinólofo, o gesto de despedida, que o desperta e põe fim à agonia: "Percebo, com efeito, que era apenas uma doença passageira, e é com nojo que me sinto renascer para a vida".[32] O espectro talvez fosse um vampiro... Por que essa hipótese não é realidade? – sonha agora, acordado, o locutor.

o

Na décima estrofe, em clima de sonho, um espectro que emanara do próprio poeta se manifestara e se pronunciara. Quando o sonho se dissipou, ficou a hipótese de que se tratava de um vampiro. Na estrofe seguinte, ele vai reaparecer... e agir. E o vampiro, naturalmente, é Maldoror.

Com desenvoltura e indisfarçável ironia, na verdade com sarcasmo, Lautréamont, deliciado, compõe o quadro, a cena em que Maldoror fará sua irrupção: é o serão tranquilo de uma família piedosa. A sétima estrofe havia começado assim: "Fiz um pacto com a Prostituição a fim

---

31 *Oui, disparaissons peu à peu de leurs yeux* [...].
32 *Je m'aperçois, en effet, que ce n'était malheureusement qu'une maladie passagère, et je me sens avec dégoût renaître à la vie.*

de semear a desordem nas famílias".[33] Agora, na décima primeira, a desordem é semeada.

Limitando-se a pontuar minimamente o desenrolar da ação, o narrador recua logo de início para um discretíssimo segundo plano, abrindo espaço para o diálogo exaltante entre o pai, a mãe e o adolescente Édouard. É essa atmosfera serena que Maldoror, espírito mau, vem perturbar com sua simples presença, tornando-a pesada, levantando a inquietação e os pressentimentos ruins.

O mal-estar se instala e se agrava a cada réplica, concentrando-se porém na figura do adolescente, que não cabe em si de aflição. O narrador, que a esta altura já conquistou os sentidos do leitor e canalizou-os todos para a cena, chama reiteradas vezes a atenção para a constância dos prolongados gritos de dor que dominam auditivamente todo o quadro. Espantado, o pai vai identificá-los: são os gemidos do vampiro.

> Acrescentam que, ao longo dos dias, ao longo das noites, sem trégua nem repouso, pesadelos horríveis fazem-no deitar sangue pela boca e pelas orelhas; e que espectros vêm sentar-se à sua cabeceira, e lhe jogam à cara, impelidos contra a vontade por uma força desconhecida, ora com uma voz suave, ora com uma voz semelhante aos rugidos dos combates, com uma persistência implacável, essa alcunha sempre vivaz [...] Mas o maior número pensa que um incomensurável orgulho o tortura, como outrora a Satã, e que ele pretendia igualar-se a Deus...[34]

33 *J'ai fait un pacte avec la prostitution afin de semer le désordre dans les familles.*
34 *Ils ajoutent que, les jours, les nuits, sans trêve ni repos, des cauchemars horribles lui font saigner le sang par la bouche et les oreilles ; et que*

Nomeado, identificado e caracterizado pelo pai, Maldoror, modelo do vício, é prontamente rejeitado por todos, e principalmente por Édouard, que promete não imitar-lhe o exemplo. Cessam os gemidos, e, por um momento, tudo parece ter voltado ao normal. Mas eis que uma voz melíflua se ergue dentro da cabeça do adolescente: "Anjo radioso, vem comigo".[35] A voz tem o mesmo timbre daquela que vai transparecer na carta de Maldoror ao jovem Mervyn, quando Lautréamont escrever o romance do Canto Sexto. Lá, como aqui, a linguagem preciosa se desdobra em promessas de gozo e em imagens brilhantes; lá, como aqui, fala a linguagem da tentação.

Instaura-se, agora, um contraponto, um verdadeiro confronto entre duas dicções: a dicção corruptora da tentação, à qual Édouard tenta resistir com todas as forças, e a dicção virtuosa da prece, que a família, à hora de dormir, eleva aos céus. As vozes se sucedem, contrastantes, expressando o combate das forças em luta pela posse do menino. Sufocado, Édouard desfalece, ao mesmo tempo que um imenso grito de ironia, grito satânico, toma conta do ar.

A desordem está semeada. O narrador nos afasta da cena, sugerindo o sacrifício do adolescente; mas, antes de fazê-lo, esclarece que a potência demoníaca do vampiro pode vir de fora, mas também de dentro: "Se é eficaz o

---

des spectres s'assoient au chevet de son lit et lui jettent à la face, poussés malgré eux par une force inconnue, tantôt d'une voix douce, tantôt d'une voix pareille aux rugissements des combats, avec une persistance implacable, ce surnom toujours vivace [...] Mais le plus grand nombre pense qu'un incommensurable orgueil le torture, comme jadis Satan, et qu'il voudrait égaler Dieu...

35 *Ange radieux, viens à moi* [...].

poder que lhe concederam os espíritos infernais, ou antes, que retira de si mesmo, esta criança, antes que a noite acabasse, não deveria mais existir".[36]

○

A morte do adolescente parece suscitar, na estrofe seguinte, uma meditação sobre a morte que, à sua maneira, retoma e atualiza a meditação hamletiana sobre o mesmo tema. Com efeito, há muitos ecos da cena 1, ato v, da peça de Shakespeare, na qual o herói dialoga com o coveiro. E esses ecos ressoam logo de saída, se explicitam, quase como que uma citação: "Aquele que não sabe chorar (pois sempre reprimiu o sofrimento dentro de si) notou que se encontrava na Noruega".[37] Maldoror está num país da Escandinávia; mais precisamente, num cemitério dessas terras.

Engaja-se então sua conversa com o coveiro, numa linguagem clássica, embora um tanto quanto exagerada, extremada, tragicômica, que tenta a um só tempo retomar e caricaturar a dicção do teatro elisabetano. Tudo se passa no limite entre o máximo de seriedade e a galhofa. O momento é grave, lúgubre; quem dorme, geme até acordar e perceber que a realidade é três vezes pior que o sonho. Como em Hamlet, o coveiro trabalha quando é abordado pelo desconhecido. E, embora recuse o diálogo, vai estabelecê-lo e enunciar a questão incompreensível: a mortalidade ou a imortalidade da alma. Problema

36 *S'il est efficace, le pouvoir que lui ont accordé les esprits infernaux, ou plutôt qu'il tire de lui-même, cet enfant, avant que la nuit s'écoule, ne devait plus être.*

37 *Celui qui ne sait pas pleurer (car, il a toujours refoulé la souffrance en dedans) remarqua qu'il se trouvait en Norwège.*

apavorante que a humanidade ainda não resolveu e que mina as forças de quem fala; problema que já se colocara de modo agudo para o espírito de Pascal, cuja voz também se faz ouvir nesta estrofe.

> – Interrompe teu trabalho – conclama Maldoror. A emoção consome tuas forças; tu me pareces fraco como um caniço; seria uma grande loucura continuares. Sou forte; tomarei teu lugar. [...] Não convém que uma dúvida inútil atormente teu pensamento.[38]

A dúvida que se abre com a questão da finitude do homem, e que tanto atormenta a mente de Hamlet quanto a do filósofo dos *Pensamentos*, desponta do texto de Lautréamont. A dúvida que a falta de fé na existência de Deus insinua, gerando alucinação, abre a brecha. Maldoror, que se crê um espírito forte, simultaneamente cava a fossa e tenta consolar o coveiro: a bondade divina é sem limites, "estamos neste barco desmastreado para sofrer",[39] a recompensa virá depois da morte.

As palavras têm o dom de despertar no coveiro um estado de graça. E é muito interessante acompanhar as transformações que nele se operam depois de ouvir essa linguagem "sublime", segui-lo quando escuta o seu interlocutor e tenta descobrir se ele é ou não uma alucinação. Com efeito, o leitor "cola" de tal modo no movimento efetuado pelo coveiro, evolui tão intimamente na sutileza

---

38 – *Arrête-toi dans ton travail. L'émotion t'enlève tes forces ; tu me parais faible comme le roseau ; ce serait une grande folie de continuer. Je suis fort ; je vais prendre ta place. [...] Il ne faut pas qu'un doute inutile tourmente ta pensée [...].*

39 [...] *nous sommes sur ce vaisseau démâté pour souffrir.*

desse processo de aproximação, que só com algum esforço consegue abstrair-se da experiência, distanciar-se das reviravoltas que ele atravessa, pensar no que ocorreu, nas mudanças de estado de espírito. Graça, suspeita, atenção, concentração, indagação, benevolência, compaixão, atração, contato, certeza. Incessantemente vamos passando de um ao outro, até a exclamação: "Ele é real... não estou sonhando! Quem és tu afinal [...]?".[40]

Maldoror se detém, não cava mais. E pede que o coveiro o dispa e o enterre, dando início a uma reviravolta completa em sua conduta. Ele, que surgira forte, ironicamente superior, seguro de si, descaradamente hipócrita, agora desmonta e confessa que mentira, que a enxada o exaure, que é fraco, que quer ir embora do cemitério. A ponto de o coveiro, condoído, oferecer-lhe hospitalidade.

Nesse estado de nulidade, Maldoror interpela, então, pela primeira vez nos *Cantos*, o Criador: "Ó piolho venerável, tu, cujo corpo é desprovido de élitros, um dia, tu me censuraste com acrimônia por eu não amar suficientemente tua sublime inteligência, que não é um livro aberto; talvez tivesses razão, pois nem sequer sinto gratidão por esse aí".[41]

Piolho venerável... A designação surpreende, se pensarmos que o piolho, tanto quanto o vampiro, se alimenta de sangue. E se lembrarmos que Maldoror é o vampiro de estrofes anteriores, é o espírito mau que o jovem Édouard secretara e dele se desprendera, é o *rinólofo* que surgira

---

40 *Il est vrai... je ne rêve pas ! Qui es-tu donc* [...]
41 *Ô pou vénérable, toi dont le corps est dépourvu d'élytres, un jour, tu me reprochas avec aigreur de ne pas aimer suffisamment ta sublime intelligence, qui ne se laisse pas lire ; peut-être avais-tu raison, puisque je ne sens même pas de la reconnaissance pour celui-ci.*

em sonho para sugar o pouco de sangue que se encontrava no corpo do locutor da décima estrofe, é o sádico da sexta que recomenda dilacerar o menino e consolá-lo, mas que também passa de algoz a vítima, é, enfim, o mal que ganhou nome e voz própria na terceira estrofe.

Tudo se passa, portanto, como se assistíssemos, ao longo de todo o Canto Primeiro, à constituição de uma entidade diabólica que se nutre de sangue humano e passa a disputar com uma entidade divina a mesma presa. Deus e Satã seriam seus nomes conhecidos, universalmente reconhecidos; piolho e vampiro seriam os nomes que recobrem a sua realidade concreta, tal como a manifestam, aqui e agora, para o poeta e o leitor. Realidade animalesca, cruenta, mas nem por isso menos sublime; realidade de entidades terríveis, exigentes, soberanas, que dão uma outra dimensão à fortuna e ao infortúnio humanos.

Convém notar, ainda, a conversão da força de Maldoror em fraqueza. Como se ele, ao adquirir consistência material nas mãos do coveiro, perdesse o seu poder e se tornasse um qualquer, como o poeta, você ou eu, um simples mortal às voltas com a questão da finitude do homem e da mortalidade ou imortalidade da alma. Como se Maldoror, tornando-se de carne e osso, deixasse enfim de ser Maldoror, encarnasse um mero duplo do poeta com suas aflições...

O coveiro retoma a iniciativa, conduzindo-o para casa. O preciosismo da linguagem atinge o cúmulo do exagero, é quase delirante. O coveiro já nem é mais o pobre trabalhador curvado sobre a enxada; é o senhor que reina sobre os mortos e conhece o sentido pleno da palavra finitude.

Triste, derrotado, Maldoror se deposita em suas mãos, não sem antes expressar, apesar de tudo, o gosto pela vingança: "Não, por certo não recuso teu leito, que é digno de mim, até que a aurora venha, que não tardará. Agradeço tua benevolência... Coveiro, é belo contemplar as ruínas das cidades; mas é mais belo contemplar as ruínas dos humanos!".⁴²

O

A décima terceira estrofe é uma dessas cenas insólitas que evocam um registro onírico tão ao gosto dos surrealistas. O "irmão do sanguessuga" caminha numa floresta; quer falar, se esforça, mas não consegue – até que, de um só jato, eclode a interpelação que retoma, uma vez mais, o problema da finitude: "Homem [...] que mistério procuras? Nem eu, nem as quatro patas-nadadeiras do urso marinho do oceano boreal, conseguimos encontrar o problema da vida. [...] lava as mãos, retoma o caminho que leva até onde dormes".⁴³

Maldoror invoca o homem. A fala, enorme, continua, e através dela o leitor vai sendo informado de que um ser vem se aproximando... até que a extraordinária aparição se torna evidente e é identificada. Trata-se de um sapo, como os que encontramos nos contos de fadas, mas este foi enviado pelo Criador e se faz porta-voz de uma recomendação. Saudado pelo irmão do sanguessuga como um velho conhecido, o sapo mais parece uma dessas figuras fantásticas que povoam os quadros de Bosch. Enviado dos céus, o animal toma então a palavra:

42 *Non certes, je ne refuse pas ta couche, qui est digne de moi, jusqu'à ce que l'aurore vienne, qui ne tardera point. Je te remercie de ta bienveillance... Fossoyeur, il est beau de contempler les ruines des cités ; mais, il est plus beau de contempler les ruines des humains !*

43 *Homme [...] Quel mystère cherches-tu ? Ni moi, ni les quatre pattes-nageoires de l'ours marin de l'océan Boréal, n'avons pu trouver le problème de la vie. [...] Lave tes mains, reprends la route qui va où tu dors...*

Maldoror, ouve-me. [...] Vim a ti para te retirar do abismo. [...] Teu espírito está tão doente que nem o percebes, e crês que te encontras em teu estado natural cada vez que saem de tua boca palavras insensatas, embora cheias de infernal grandeza. [...] Com que direito vens a esta terra para lançar no ridículo os que a habitam, destroço apodrecido, chocalhado pelo ceticismo? Se não te sentes bem aqui, volta para as esferas de onde vens. [...] Pois bem, vai-te! [...] mostra, enfim, tua essência divina, que ocultaste até agora; [...] não consegui reconhecer se és um homem ou mais que um homem![44]

O sapo se despede e o episódio se conclui assim, sem mais, feito um sonho, com essas duas figuras estranhas, irreais, vindas de outras esferas, dirigindo-se mutuamente um chamamento à razão. A estrofe, ao que parece, não traz nada de novo, senão a sempre espantosa facilidade com que a linguagem, ao mesmo tempo coloquial e preciosa, prolifera e encanta, impondo-se ao leitor pela beleza, pela precisão e sobretudo por um dinamismo que magnetiza a atenção e nos leva a aceitar todos esses seres bizarros não como personagens, mas, paradoxalmente, como realidades impalpáveis que quase podemos tocar, tamanha é a força quase física de sua presença.

---

44 *Maldoror, écoute-moi [...]. Je suis venu vers toi, afin de te retirer de l'abîme. [...] Ton esprit est tellement malade que tu ne t'en aperçois pas, et que tu crois être dans ton naturel, chaque fois qu'il sort de ta bouche des paroles insensées, quoique pleines d'une infernale grandeur. [...] De quel droit viens-tu sur cette terre pour tourner en dérision ceux qui l'habitent, épave pourrie, ballottée par le scepticisme ? Si tu ne t'y plais pas, il faut t'en retourner dans les sphères d'où tu viens. [...] Eh bien !... va-t'en !... [...] montre, enfin, ton essence divine que tu as cachée jusqu'ici [...] je ne suis pas parvenu à réconnaître si tu es un homme ou plus qu'un homme !*

Aparentemente não acontece nada, quando a estrofe se acaba sem que o leitor saiba se Maldoror, espírito mau, acatou ou não a recomendação que lhe foi feita e retornou à sua esfera de origem. Entretanto, no momento em que o canto recomeçar, como Canto Segundo, o poeta lhe dirá que Maldoror não atendeu ao pedido, pois dirigiu-se para os recantos obscuros e as fibras secretas das consciências, isto é: alojou-se dentro de nós; quanto ao homem de cara de sapo, depois do encontro enlouqueceu, não se reconhece mais, caindo frequentemente em acessos de fúria que o fazem assemelhar-se a um animal dos bosques.

○

O Canto Primeiro chega ao fim. Lautréamont capta que uma etapa se cumpriu e que é preciso caracterizá-la como tal, muito embora já saiba que o processo vai continuar. Por isso escreve:

> Se às vezes é lógico confiar na aparência dos fenômenos, este canto termina aqui. Não sejais severo com aquele que não faz mais que experimentar a lira: ela produz um som tão estranho! No entanto, se quiserdes ser imparcial, reconhecereis já uma marca forte, em meio às imperfeições. Quanto a mim, voltarei ao trabalho, para publicar um segundo canto, num lapso de tempo que não seja muito longo.[45]

---

45 *S'il est quelquefois logique de s'en rapporter à l'apparence des phénomènes, ce premier chant finit ici. Ne soyez pas sévère pour celui qui ne fait encore qu'essayer sa lyre : elle rend un son si étrange ! Cependant, si vous voulez être impartial, vous reconnaîtrez déjà une empreinte forte, au milieu des imperfections. Quant à moi, je vais me remettre au travail, pour faire paraître un deuxième chant, dans un laps de temps qui ne soit pas trop retardé.*

Nesta estrofe que, como observa Marcelin Pleynet, é a mais evidentemente biográfica do livro, Ducasse reconhece a estranheza de sua poesia; mas acrescenta, imediatamente, que ela no entanto transmite, em meio às imperfeições, a marca forte, talvez já tão forte que permita ao montevidense sustentar a pretensão de transformar-se no poeta do fim do século XIX, de querer sê-lo.

Terminando a leitura do Canto Primeiro, é claro que só podemos concordar com ele – não tanto com relação à sua pretensão, que à medida que o processo avança vai se tornando secundária, até desaparecer por completo na afirmação de uma poesia impessoal, mas sim com relação à estranheza do som da lira experimentada e à marca de uma força. Talvez seja até mesmo essa força marcante a responsável por um som tão estranho! Ora, essa força tem um nome, Maldoror, e é uma força vampiresca, que ao longo das estrofes foi se firmando – a ponto de agora ser ela quem, confundindo a sua voz com a de Ducasse, vem se despedir do leitor ao término do canto: "Adeus, velho, e pensa em mim, se me leste. Tu, jovem, não te desesperes; pois tens um amigo no vampiro, apesar da tua opinião contrária. Contando com o *acarus sarcopta* que provoca a sarna, terás dois amigos!".[46]

Um vampiro amigo, apesar de nossa opinião contrária? A leitura dos cantos seguintes mostrará que sim. Contrariando nossas expectativas, vamos descobrir nas estrofes subsequentes que até um espírito mau pode ser benéfico, amigo. Ducasse-Lautréamont que o diga.

---

46 *Adieu, vieillard, et pense à moi si tu m'as lu. Toi, jeune homme, ne te désespère point, car tu as un ami dans le vampire, malgré ton opinion contraire. En comptant l'acarus sarcopte qui produit la gale, tu auras deux amis!*

Bibliografia

ALLEMAND, Étienne. *Etho-système et pouvoir*. Paris: Anthropos, 1979.

ARTAUD, Antonin. *Héliogabale ou l'anarchiste couronné*. Paris: Gallimard, 1979. (Coleção L'Imaginaire).

_____. *Les Tarahumaras*. Paris: Gallimard, 1971. (Coleção Idées).

_____. "Lettre sur Lautréamont". *Oeuvres complètes*. Paris: Gallimard, 1978. v. XIV: Suppôts et suppliciations.

AUSTIN, John Langshaw. *Quand dire, c'est faire*. Trad. e intr. de G. Lane. Paris: Seuil, 1970. (Coleção L'Ordre Philosophique).

_____. *Sense and Sensibilia*. Londres: Oxford University Press, 1962.

AVEDON, John F. *Entrevista con el Dalai Lama*. Trad. de X. Alonopina. Monóvar: Arión, 1982.

BACHELARD, Gaston. *Lautréamont*. 2. ed. Paris: Librairie José Corti, 1965.

BAKHTINE, Mikhaïl. *Le marxisme et la philosophie du langage*. Trad. de M. Yaguello. Paris: Minuit, 1977.

BAROU, Jean-Pierre. "Lautréamont, poète réactionnaire?" *Critique*, Paris, Centre National de Lettres, v. XLI, n. 461, out. 1985.

BATAILLE, Georges. *La littérature et le mal*. Paris: Gallimard, 1957. (Coleção Idées).

BATESON, Gregory (org.). *Perceval le fou: autobiographie d'un schizophrène*. Trad. de M. Manin. Paris: Payot, 1976. (Coleção Bibliothèque Scientifique).

BAUDELAIRE, Charles. *Les fleurs du mal*. Intr. e notas de V.

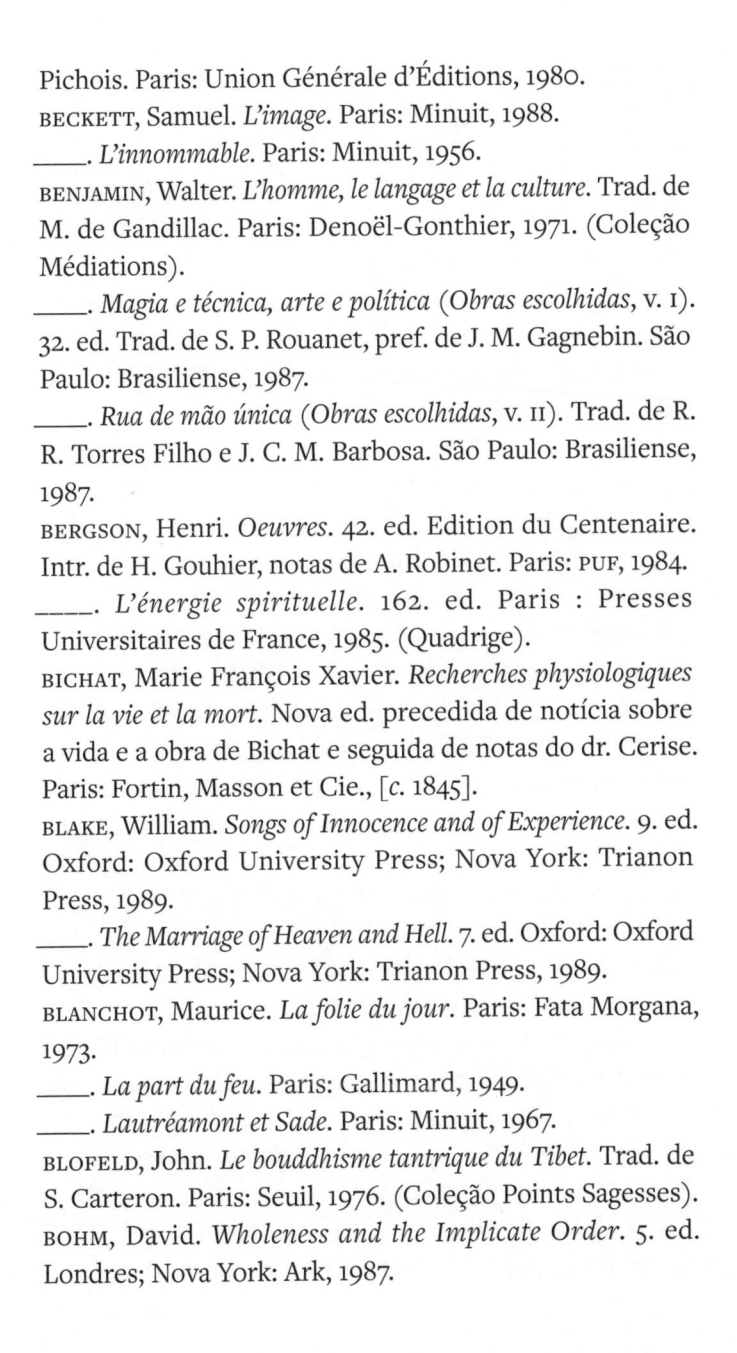

Pichois. Paris: Union Générale d'Éditions, 1980.
BECKETT, Samuel. *L'image*. Paris: Minuit, 1988.
____. *L'innommable*. Paris: Minuit, 1956.
BENJAMIN, Walter. *L'homme, le langage et la culture*. Trad. de M. de Gandillac. Paris: Denoël-Gonthier, 1971. (Coleção Médiations).
____. *Magia e técnica, arte e política* (Obras escolhidas, v. I). 32. ed. Trad. de S. P. Rouanet, pref. de J. M. Gagnebin. São Paulo: Brasiliense, 1987.
____. *Rua de mão única* (Obras escolhidas, v. II). Trad. de R. R. Torres Filho e J. C. M. Barbosa. São Paulo: Brasiliense, 1987.
BERGSON, Henri. *Oeuvres*. 42. ed. Edition du Centenaire. Intr. de H. Gouhier, notas de A. Robinet. Paris: PUF, 1984.
____. *L'énergie spirituelle*. 162. ed. Paris : Presses Universitaires de France, 1985. (Quadrige).
BICHAT, Marie François Xavier. *Recherches physiologiques sur la vie et la mort*. Nova ed. precedida de notícia sobre a vida e a obra de Bichat e seguida de notas do dr. Cerise. Paris: Fortin, Masson et Cie., [c. 1845].
BLAKE, William. *Songs of Innocence and of Experience*. 9. ed. Oxford: Oxford University Press; Nova York: Trianon Press, 1989.
____. *The Marriage of Heaven and Hell*. 7. ed. Oxford: Oxford University Press; Nova York: Trianon Press, 1989.
BLANCHOT, Maurice. *La folie du jour*. Paris: Fata Morgana, 1973.
____. *La part du feu*. Paris: Gallimard, 1949.
____. *Lautréamont et Sade*. Paris: Minuit, 1967.
BLOFELD, John. *Le bouddhisme tantrique du Tibet*. Trad. de S. Carteron. Paris: Seuil, 1976. (Coleção Points Sagesses).
BOHM, David. *Wholeness and the Implicate Order*. 5. ed. Londres; Nova York: Ark, 1987.

BOLLACK, Jean. *Empédocle*. Paris: Minuit, 1969.

BONNEFOY, Yves. *La présence et l'image*. Paris: Mercure de France, 1983.

_____. "Readiness, Ripeness: Hamlet, Lear". In: SHAKESPEARE, William. *Hamlet – Le roi Lear*. Paris: Gallimard, 1978. (Coleção Folio).

BOUCHÉ, Claude. *Lautréamont: du lieu commun à la parodie*. Paris: Librairie Larousse, 1974.

BOWRA, Cécil Maurice. *Poesia y canto primitivo*. Trad. de C. Agustín. Barcelona: Antoni Bosch, 1984.

BROCKMAN, John. *Einstein, Gertrude Stein, Wittgenstein e Franskenstein: reinventando o universo*. Trad. de V. Ponte. São Paulo: Companhia das Letras, 1987.

BUTOR, Michel. "Lautréamont court-métrage". In: _____. *Répertoire IV*. Paris: Minuit, 1974.

CANETTI, Elias. *A consciência das palavras*. Trad. de M. Suzuki. São Paulo: Companhia das Letras, 1990.

_____. *Massa e poder*. Trad. de R. Krestan. Brasília: Ed. da UnB; São Paulo: Melhoramentos, 1983.

CHALEIL, Max. *Entretiens: Lautréamont*. Paris: Subervie, 1971.

CHARCOT, Jean-Martin. *Leçons sur l'hystérie virile*. Intr. de M. Ouerd. Paris: Le Sycomore, 1984. (Coleção La Boîte de Pandore).

COLLI, Giorgio. *O nascimento da filosofia*. Trad. de F. Carotti. Campinas: Ed. da Unicamp, 1988.

CORNFORD, Francis Macdonald. *Principium sapientiae: as origens do pensamento filsófico grego*. 3. ed. Lisboa: Fundação Calouste Gulbenkian, 1989.

CORSINI, Eugenio. *L'Apocalypse maintenant*. Trad. de R. Arrighi. Paris: Seuil, 1984.

DALAI LAMA. *Bondade, amor e compaixão*. Trad. de C. G. Duarte a partir da versão inglesa organizada por J.

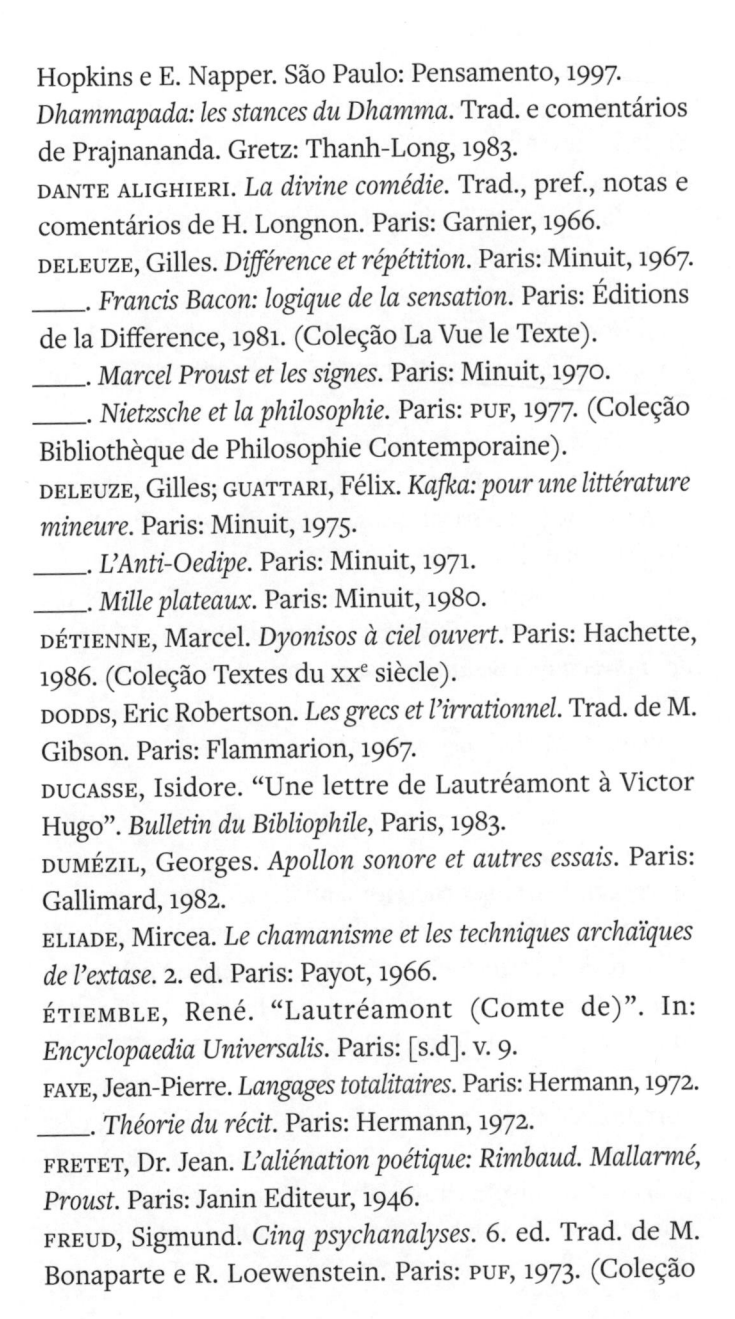

Hopkins e E. Napper. São Paulo: Pensamento, 1997.
Dhammapada: les stances du Dhamma. Trad. e comentários de Prajnananda. Gretz: Thanh-Long, 1983.
DANTE ALIGHIERI. *La divine comédie*. Trad., pref., notas e comentários de H. Longnon. Paris: Garnier, 1966.
DELEUZE, Gilles. *Différence et répétition*. Paris: Minuit, 1967.
____. *Francis Bacon: logique de la sensation*. Paris: Éditions de la Difference, 1981. (Coleção La Vue le Texte).
____. *Marcel Proust et les signes*. Paris: Minuit, 1970.
____. *Nietzsche et la philosophie*. Paris: PUF, 1977. (Coleção Bibliothèque de Philosophie Contemporaine).
DELEUZE, Gilles; GUATTARI, Félix. *Kafka: pour une littérature mineure*. Paris: Minuit, 1975.
____. *L'Anti-Oedipe*. Paris: Minuit, 1971.
____. *Mille plateaux*. Paris: Minuit, 1980.
DÉTIENNE, Marcel. *Dyonisos à ciel ouvert*. Paris: Hachette, 1986. (Coleção Textes du XXe siècle).
DODDS, Eric Robertson. *Les grecs et l'irrationnel*. Trad. de M. Gibson. Paris: Flammarion, 1967.
DUCASSE, Isidore. "Une lettre de Lautréamont à Victor Hugo". *Bulletin du Bibliophile*, Paris, 1983.
DUMÉZIL, Georges. *Apollon sonore et autres essais*. Paris: Gallimard, 1982.
ELIADE, Mircea. *Le chamanisme et les techniques archaïques de l'extase*. 2. ed. Paris: Payot, 1966.
ÉTIEMBLE, René. "Lautréamont (Comte de)". In: *Encyclopaedia Universalis*. Paris: [s.d]. v. 9.
FAYE, Jean-Pierre. *Langages totalitaires*. Paris: Hermann, 1972.
____. *Théorie du récit*. Paris: Hermann, 1972.
FRETET, Dr. Jean. *L'aliénation poétique: Rimbaud. Mallarmé, Proust*. Paris: Janin Editeur, 1946.
FREUD, Sigmund. *Cinq psychanalyses*. 6. ed. Trad. de M. Bonaparte e R. Loewenstein. Paris: PUF, 1973. (Coleção

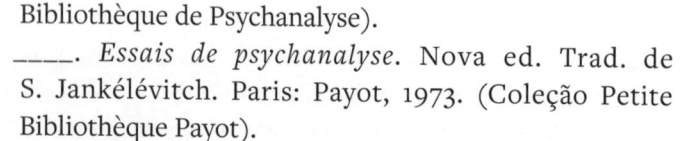

Bibliothèque de Psychanalyse).

_____. *Essais de psychanalyse*. Nova ed. Trad. de S. Jankélévitch. Paris: Payot, 1973. (Coleção Petite Bibliothèque Payot).

_____. *Introduction à la psychanalyse*. Nova ed. Trad. de S. Jankélévitch. Paris: Payot, 1971. (Coleção Petite Bibliothèque Payot).

_____. *Névrose, psychose et perversion*. Trad. sob a direção de J. Laplanche. Paris: PUF, 1973. (Coleção Bibliothèque de Psychanalyse).

_____. *Trois essais sur la théorie de la sexualité*. Trad. de B. Reverchon-Jouve. Paris: Gallimard, 1962. (Coleção Idées).

FONTES, Joaquim Brasil. *Eros, tecelão de mitos*. São Paulo: Estação Liberdade, 1991.

_____. "Voix narrative et cohérence textuelle dans les *Chants de Maldoror*". *Sujet, Texte, Histoire: Annales Litéraires de l'université de Besançon*, n. 259. Paris: Les Belles Lettres, 1981.

FOUCAULT, Michel. *Les mots et les choses*. Paris: Gallimard, 1966.

_____. *Le souci de soi* (*Histoire de la sexualité*, v. 3). Paris: Gallimard, 1984.

GUATTARI, Félix. *Les énergies sémiotiques*. Texto apresentado no "Colloque de Cérisy Temps et Devenir à partir de l'oeuvre de I. Prigogine", jun. 1983. Comunicado pelo autor.

HAWAD. *Caravane de la soif*. Trad. de Hawad e H. Claudot. Aix-en Provence: Edisud, 1985.

HESÍODO. *Teogonia. A origem dos deuses*. Estudo e trad. de J. Torrano. São Paulo: Massao Ohno-Hosswitha Kempf, 1981.

HJELMSLEV, Louis Trolle. *Prolegomena to a Theory of Language*. Madison: University of Wisconsin Press, 1963.

HÖLDERLIN, Friedrich. "Geste pour la mise en scène du langage". *Change, Allemagne en Esquisse*, n. 37. Trad. de J.-P.

Faye. Paris: Seghers/Laffont, mar. 1978.

_____. *Oeuvres*. Org. de P. Jaccottet, trad. de P. Jaccottet, G. Roud e D. Naville. Paris: Gallimard, 1967. (Coleção Bibliothèque de la Pléiade).

_____. *Poemas*. 2. ed. rev. e ampl. Pref., sel. e trad. de P. Quintela. Coimbra: Atlântida, 1959.

_____. "Sur le mode d'expérience de la pensée poétique". *Change, Allemagne en Esquisse*, n. 37. Trad. de J.-P. Faye. Paris: Seghers/Laffont, mar. 1978.

HOMÈRE. *L'Iliade*. Trad. de P. Mazon. Paris: Gallimard, 1975. (Coleção Folio).

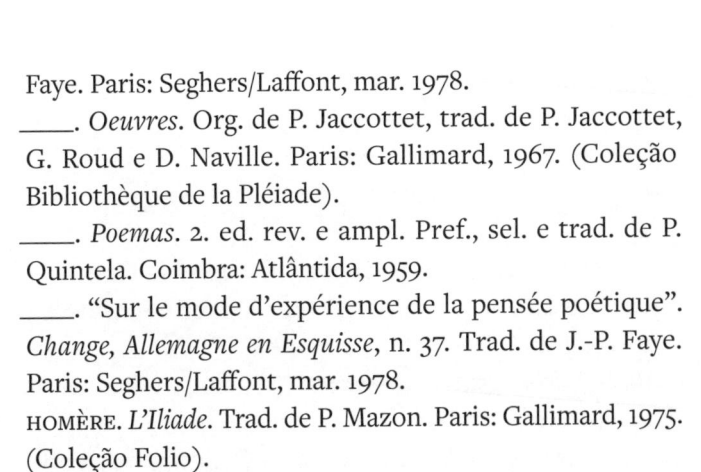

JASPERS, Karl. *Strindberg et Van Gogh, Swedenborg-Hölderlin: étude psychiatrique comparative*. Trad. de H. Naef, estudo de M. Blanchot. Paris: Minuit, 1953. (Coleção Arguments).

JEAN, Raymond. *La poétique au désir: Nerval, Lautréamont, Apollinaire, Éluard*. Paris: Seuil, 1974.

KAFKA, Franz. "Desejo de se tornar índio". In: *Contemplação/O foguista*. Trad. e posf. de M. Carone. São Paulo: Brasiliense, 1991.

_____. *La métamorphose*. Trad. de A. Vialatte. Paris: Gallimard, 1984. (Coleção Folio).

KELSANG GYATSO, Gueshe. *Corazón de la sabiduria: un comentário del Sutra del Corazón*. 2. ed. Trad. de M. Líbano. Barcelona: Edicomunicación, 1988.

KIERKEGAARD, Søren. *Crainte et tremblement*. 3. ed. Trad. de P. H. Tisseau e intr. de J. Wahl. Paris: Aubier-Montaigne, 1984. (Coleção Bibliothèque Philosophique).

KNIGHT, Paul. "Introduction to Maldoror". In: LAUTRÉAMONT. *Maldoror and Poems*. Harmondsworth: Penguin Books, 1978.

KRISTEVA, Julia. *Sèméiotikè: recherches pour une sémanalyse*. Paris: Seuil, 1969. (Coleção Tel Quel).

LA BOÉTIE, Étienne de. *Le discours de la servitude volontaire*.

Paris: Payot, 1978.

LACAN, Jacques. *Écrits*. Paris: Seuil, 1966.

_____. *Séminaire XI*. Paris: Seuil, 1973.

LALOU, Marcelle. *Las religiones del Tibet*. Barcelona: Barral, 1974.

L'Apocalypse. Trad. do poema e intr. de P.-L. Couchod. Paris: Bossard, 1922. (Coleção Les Textes Primitifs du Christianisme).

LAUTRÉAMONT. *Oeuvres complètes*. Cronologia e intr. de M. Bonnet. Paris: Garnier-Flammarion, 1969.

_____. *Oeuvres complètes*. Pref. de L. Genonceaux, R. de Gourmont, E. Jaloux, A. Breton, P. Soupault, J. Gracq, R. Caillois, M. Blanchot; retratos imaginários de S. Dalí e F. Valloton; fac-símiles da correspondência e bibliografia. Paris: Librairie José Corti, 1984.

_____. *Os Cantos de Maldoror*. 2. ed. Trad. de C. Willer. São Paulo: Vertente, 1970.

_____. *Os Cantos de Maldoror: Poemas*. 2. ed. Trad. de P. Tamen, pref. de J. de Sena. Lisboa: Moraes, 1979.

_____. *Os Cantos de Maldoror*. Trad. de J. B. Fontes. Campinas: Editora da Unicamp, 2015.

LAWRENCE, D. H. *Apocalypse*. Londres: Granada Publishing, 1981.

LÉVY-BRUHL, Lucien. *La mythologie primitive*. Nova ed. Paris: PUF, 1963. (Coleção Bibliothèque de Philosophie Contemporaine).

LHUNDUP SOPA, Geshe; JACKSON, Roger R.; NEWMAN, John. *The Wheel of Time: The Kalachakra in Context*. Madison: Deer Park Books, 1985.

LINGPA, Karma. *Le livre des morts tibétain*. 2. ed. rev. Trad. de M. L. Aris, comentários de F. Fremantle e E. Trungpa. Paris: Le Courrier du Livre, 1979.

LIZOT, Jacques. O *círculo dos fogos: feitos e ditos dos índios yanomami*. Trad. de B. Perrone-Moysés. São Paulo: Martins Fontes, 1988.

LUCRÈCE. *De la nature*. Trad., intr. e notas de H. Clouard. Paris: Garnier-Flammarion, 1964.

MARCUSE, Herbert. *One-Dimensional Man*. Boston: Beacon Press, 1964.

MICHAUX, Henri. *Plume*. Paris: NRF/Gallimard, 1963.

MILAREPA. *Les cent mille chants*. Trad. de M. J. Lamothe. Paris: Fayard, 1986. (Coleção L'espace intérieur).

Milarepa ou Jetsun-Kahbum. Trad. de R. Ryser. Paris: Librairie d'Amérique et d'Orient, 1975. (Coleção Classiques d'Amérique et d'Orient).

MÜLLER, Heiner. *Germania*. Trad. de Bernard e C. Schutze. Nova York: Semiotext(e), 1990. (Série Foreign Agent).

____. *Germania: mort à Berlin*. Trad. de J. Jourdheuil e H. Schwarzinger. Paris: Minuit, 1985.

____. *Hamlet-Machine*. Trad. de J. Jourdheuil e H. Schwarzinger. Paris: Minuit, 1979.

____. *La mission*. Trad. de J. Jourdheuil e H. Schwarzinger. Paris: Minuit, 1985.

NATHAN, Tobie. *Psychanalyse et copulation des insectes*. 2. ed. rev. e ampl. Grenoble: La Pensée Sauvage, 1983.

NIETZSCHE, Friedrich. *Ainsi parlait Zarathoustra*. Trad. de M. de Gandillac. Paris: Gallimard, 1971. (Coleção Idées).

____. *Ecce homo*. Trad. de J.-Cl. Hémery. Paris: Gallimard, 1974. (Coleção Idées).

____. *Écrits posthumes 1887-1888*. Trad. de P. Klossowski. Paris: Gallimard, 1975.

____. *L'Antéchrist*. Trad. de D. Tassel. Paris: Union Générale d'Éditions, 1967.

____. *La généalogie de la morale*. Trad. de H. Albert. Paris: Gallimard, 1982. (Coleção Idées).

____. *La naissance de la philosophie à l'époque de la tragédie grecque*. Trad. de G. Bianquis. Paris: NRF/Gallimard, 1938.

_____. *Le gai savoir*. Trad. de A. Vialatte. Paris: Gallimard, 1972. (Coleção Idées).

_____. *Par-delà le bien et le mal*. Trad. de C. Heim. Paris: NRF/Gallimard, 1971.

NIJINSKY, Vaslav. *Journal*. Trad. e pref. de R. Solpray. Paris: NRF/Gallimard, 1953.

NISHITANI, Keiji. *Religion and Nothingness*. Trad. de J. van Bragt. Berkeley: University of California Press, 1982.

OVIDE. *Les métamorphoses*. 6. ed. Trad. de Gros. Paris: Garnier, 1923.

PADOUX, André. *Recherche sur la symbolique et l'énergie de la parole dans certains textes tantriques*, fascículo 21. Paris: Institut de Civilisation Indienne, 1975.

PALLIS, Marco. *Peaks and Lamas*. 4. ed. Londres: Casseli, 1946.

PARAIN, Brice. *Recherche sur la nature et les fonctions du langage*. 3. ed. Paris: NRF/Gallimard, 1942.

PASCAL, Blaise. *Pensées*. Paris: Garnier, 1964.

PERRONE-MOISÉS, Leyla. *Falência da crítica*. São Paulo: Perspectiva, 1973. (Coleção Debates).

_____. *Lautréamont*. São Paulo: Brasiliense, 1986. (Coleção Encanto Radical).

PERRONE-MOISÉS, Leyla; MONEGAL, Emir Rodriguez. "Isidore Ducasse et la rhétorique espagnole". *Poétique*, Paris, n. 55, set. 1983.

PEYTARD, Jean. "Sur la Lettre d'Isidore Ducasse à Victor Hugo". *Cahiers Lautréamont*, Paris, 2 sem. 1988.

PIERSSENS, Michel. *Lautréamont: éthique à Maldoror*. Lille: Presses Universitaires de Lille, 1984. (Coleção Objet).

PLEYNET, Marcelin. *Lautréamont par lui-même*. Paris: Gallimard, 1967. (Coleção Ecrivains de toujours).

POE, Edgar Allan. *Histoires extraordinaires*. Trad. de C.

Baudelaire. Paris: Gallimard, 1974. (Coleção 1.000 soleils).
PONGE, Francis. *Méthodes*. Paris: Gallimard, 1961.
PONGE, Francis et al. *Cahiers du Sud – Lautréamont n'a pas cent ans*, Marselha, ano 33, n. 275, 1946.
PRIGOGINE, Ilya; PAHAUT, Serge. "Redescubrir el tiempo". *El Paseante*, Madri, n. 4, outono 1986.
PRIGOGINE, Ilya; STENGERS, Isabelle. *La nouvelle alliance: métamorphose de la science*. Paris: NRF/Gallimard, 1979.
RACINE. *Bajazet*. 13. ed. Paris: Larousse, 2009. (Coleção Classiques Larousse).
____. *Bérénice*. 17. ed. Paris: Larousse, 2011. (Coleção Classiques Larousse).
RIMBAUD, Arthur. *Oeuvres complètes*. Org., notas e intr. de A. Adam. Paris: Gallimard, 1972. (Coleção Bibliothèque de la Pléiade).
ROBIN, Armand. *La fausse parole*. Bassac: Plein Chant, 1979.
SHAKESPEARE, William. *Hamlet*. Trad. de M. Fernandes. Porto Alegre: L&PM, 1988.
____. *Hamlet – Le roi Lear*. Trad. e pref. de Y. Bonnefoy. Paris: Gallimard, 1984. (Coleção Folio).
SHELDRAKE, Rupert. *A New Science of Life*. 2. ed. Londres: Paladin/Grafton Books, 1985.
SIMONDON, Gilbert. *L'individu et sa génèse physico-biologique*. Paris: PUF, 1964. (Coleção Epiméthée).
SOLLERS, Philippe. *L'écriture et l'expérience des limites*. Paris: Seuil, 1968. (Coleção Points).
SUE, Eugène. *Latréaumont*. Paris: Garnier Frères, 1979. (Coleção Classiques Populaires).
SUZUKI, Daisetsu Teitaro. "Simbolismo budista". In: CARPENTER, Edmund; MCLUHAN, Marshall. *Revolução na comunicação*. Rio de Janeiro: Zahar, 1968.
TARTHANG TULKU. *Gestos de equilíbrio*. Trad. de O. M. Cajado. São Paulo: Pensamento, 1977.

_____. *Time, Space and Knowledge*. Oakland: Dharma Press, 1977.

THUBTEN YÉSHÉ; ZOPA RINPOCHÉ. *L'énergie de la sagesse*. Trad. de G. Driessens. Lavaur: Publication de l'Institut Vajra Yogini, 1985.

TRUNGPA, Chögyam. *Pratique de la voie tibétaine*. 2. ed. rev. Trad. de V. Bardet. Paris: Seuil, 1976. (Coleção Points Sagesses).

_____. *Regards sur l'Abhiddarma*. Trad. de M. C. Bourjon. Toulon: Yiga Tahen Dzinn, 1981.

TRUNGPA, Chögyam; GUENTHER, Herbert V. *L'aube du Tantra*. Trad. de S. Carteron. Paris: Dervy-Livres, 1980. (Coleção Mystiques et Religions).

TSONG-KA-PA. *Tantra no Tibete*. Trad. de M. M. Ferreira. São Paulo: Pensamento, 1977.

VERNANT, Jean-Pierre. *La mort dans les yeux*. Paris: Hachette, 1985. (Coleção Textes du XXe siècle).

VIRILIO, Paul. *Essai sur l'insécurité du térritoire*. Paris: Stock, 1976.

_____. *Vitesse et politique*. Paris: Galilée, 1977.

VOILQUIN, Jean (org.). *Les penseurs grecs avant Socrate*. Trad., intr. e notas de J. Voilquin. Paris: Garnier-Flammarion, 1964.

WAGENSBERG, Jorge. "Arte. ciencia y la extrañeza de la propia condición". *El Paseante*, Madri, n. 4, outono 1986.

WATTS, Alan. "D. T. Suzuki: l'intellectuel non-mental". In: _____. *Matière à réflexion*. Trad. de M. de Cheveigné. Paris: Denoël/Gonthier, 1972.

WEBER, Renée. *Diálogos com cientistas e sábios*. Trad. de G. C. C. Souza. São Paulo: Cultrix, 1986.

WINNICOTT, D. W. "La crainte de l'effondrement". *Figures du vide. Nouvelle revue de psychanalyse*, Paris, n. 11, primavera 1975.

WITTIG, Monique. *Le corps lesbien*. Paris: Minuit, 1973.
WOLFSON, Louis. *Le schizo et les langues*. Pref. de G. Deleuze. Paris: NRF/Gallimard, 1970. (Coleção Connaissance de L'inconscient).

Dados Internacionais de Catalogação na Publicação (CIP) de acordo com ISBD

S237v   Santos, Laymert Garcia dos

           Às voltas com Lautréamont / Laymert Garcia dos Santos.
           – São Paulo : n-1 edições, 2019.
           224 p. ; 13cm x 21cm.

           Inclui bibliografia e índice.
           ISBN: 978-85-66943-96-2

           1. Filosofia. 2. Crítica literária. I. Título.

2019-1439   CDD 100
                                                                                                                         CDU 1

        Elaborado por Vagner Rodolfo da Silva - CRB-8/9410

            Índice para catálogo sistemático:
              1. Filosofia 100
              2. Filosofia 1

n-1

O livro como imagem do mundo é de toda maneira uma ideia insípida. Na verdade não basta dizer Viva o múltiplo, grito de resto difícil de emitir. Nenhuma habilidade tipográfica, lexical ou mesmo sintática será suficiente para fazê-lo ouvir. É preciso fazer o múltiplo, não acrescentando sempre uma dimensão superior, mas, ao contrário, da maneira mais simples, com força de sobriedade, no nível das dimensões de que se dispõe, sempre n-1 (é somente assim que o uno faz parte do múltiplo, estando sempre subtraído dele). Subtrair o único da multiplicidade a ser constituída; escrever a n-1.

Gilles Deleuze e Félix Guattari